校园体育

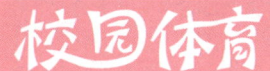

街舞 吊环 平衡木 跳马

JIEWU DIAOHUAN PINGHENGMU TIAOMA

主编 王月华 姚慧锋 张晶

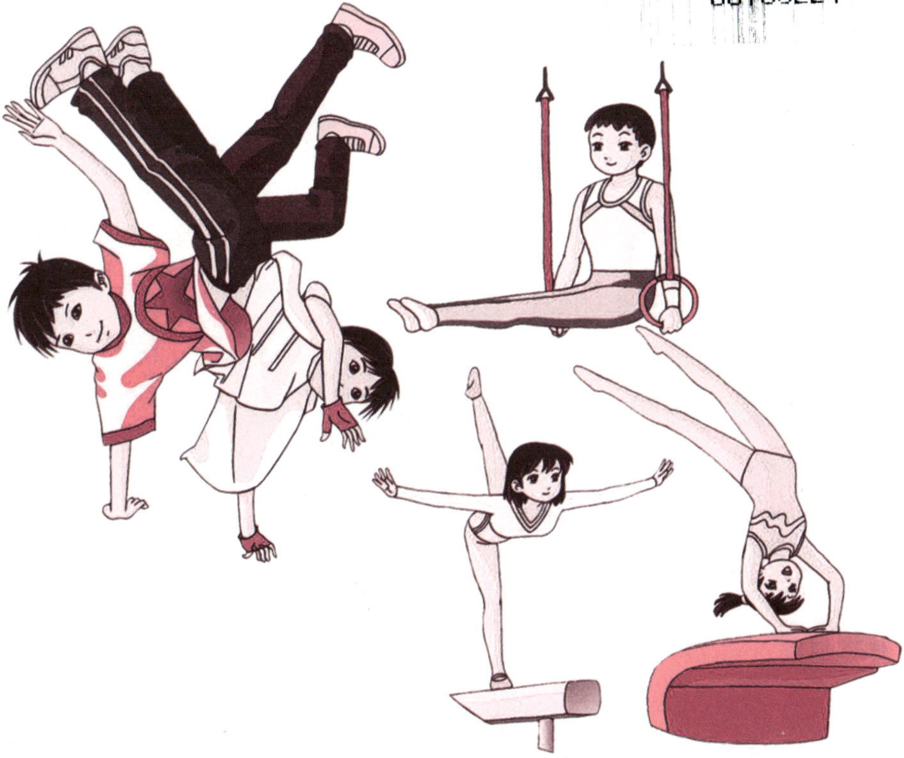

吉林出版集团股份有限公司

图书在版编目(CIP)数据

街舞 吊环 平衡木 跳马 / 王月华等主编. —长春：吉林出版集团股份有限公司, 2011.6
ISBN 978-7-5463-5723-2

Ⅰ.①街… Ⅱ.①王… Ⅲ.①现代舞蹈—青年读物②竞技体操—青年读物 Ⅳ.①J732.6-49②G832-49

中国版本图书馆 CIP 数据核字(2011)第 117595 号

街舞 吊环 平衡木 跳马

主编	王月华 姚慧锋 张晶
策划	曹恒
责任编辑	息望 付乐
出版发行	吉林出版集团股份有限公司
印刷	河北锐文印刷有限公司
版次	2011 年 7 月第 1 版 2018 年 5 月第 7 次印刷
开本	787mm×1092mm 1/16 印张 10 字数 100 千
书号	ISBN 978-7-5463-5723-2 定价 26.80 元
社址	长春市人民大街 4646 号 邮编 130021
电话	0431-85618717 传真 0431-85618719
电子邮箱	tiyu717@126.com

版权所有 翻印必究

如有印装质量问题，请寄本社退换

《校园体育》编委会

名誉主任	孙麒麟				
主　　任	宛祝平				
编　　委	支二林	方志军	王宇峰	王晓磊	冯晓杰
	田云平	兴树森	刘云发	刘延军	孙建华
	曲跃年	吴海宽	张　强	张少伟	张铁民
	李　刚	李伟亮	李志坚	杨雨龙	杨柏林
	苏晓明	邹　宁	陈　刚	岳　言	郑凤家
	宫本庄	赵权忠	赵利明	赵锦锦	潘永兴

《街舞 吊环 平衡木 跳马》编委会

主　　编	王月华	姚慧锋	张　晶		
副主编	刘培华	宁玉诚	左钧升		
编　者	王晓磊	杨志亭	刘培华	宁玉诚	左钧升
审　订	陈　刚				

序言

　　盛世奥运，举国同辉。教育部、国家体育总局、共青团中央联合启动了"全国亿万青少年学生阳光体育运动"项目。这是我国新时期加强青少年体育锻炼、增强青少年体质的战略举措。

　　民族复兴，体育同行。近世中国，面对民族危难，仁人志士坚信"少年强则国强"，号召新青年"文明其精神，野蛮其体魄"。新中国成立后，党和政府十分重视青少年的健康成长，提出"健康第一，学习第二"、"发展体育运动，增强人民体质"等口号。当今世界，体育发展水平已成为衡量民族文明程度的一项重要指标。

　　重智商、轻体育，重营养、轻锻炼的倾向，将严重阻碍青少年素质的全面发展。开展阳光体育运动的目的，就是号召青少年学生走向操场、走进大自然、走到阳光下，并以奥运为契机，以全民健身为背景，促使青少年养成体育锻炼的良好习惯。

　　为配合阳光体育运动的开展，吉林出版集团组织有关专家和一线体育工作者，共同编著了《校园体育》丛书。希望本丛书的出版，能为各级各类学校开展阳光体育运动辅以指导和帮助。

目录 CONTENTS

第一章 运动保护
第一节 生理卫生..........................2

第二节 运动前准备......................3

第三节 运动后放松......................8

第四节 恢复养护........................10

第二章 街舞概述
第一节 起源与发展......................12

第二节 特点与价值......................13

第三章 街舞场地和装备
第一节 场地............................18

第二节 装备............................18

第四章 街舞经典舞种
第一节 Locking........................22

第二节 Popping........................32

第三节 Hip-Hop........................46

第四节 Breaking.......................61

目录 CONTENTS

  第五节 House 71
第五章 街舞比赛规则
  第一节 程序 84
  第二节 裁判 86
第六章 吊环、平衡木、跳马概述
  第一节 起源与发展 90
  第二节 特点与价值 91
第七章 吊环、平衡木、跳马的场地、器材和装备
  第一节 场地 94
  第二节 器材 94
  第三节 装备 97
第八章 吊环、平衡木、跳马基本技术
  第一节 吊环基本技术 100
  第二节 平衡木基本技术 118
  第三节 跳马基本技术 140

目录 CONTENTS

第九章 吊环、平衡木、跳马比赛规则
　第一节　程序............................150
　第二节　裁判............................151

第一章 运动保护

"生命在于运动",但是盲目、不科学的运动非但不能起到强身健体的作用,反而会给身体带来一定的伤害。只有掌握体育锻炼的一般性生理卫生知识,科学地进行体育锻炼,才能起到健身强体、防病治病的作用。

第一节 生理卫生

青少年在进行体育运动时，除了应进行一般性的身体检查和必要的咨询外，还要注意培养运动兴趣和把握适当的运动强度。

 一、培养运动兴趣

在进行体育运动前，首先必须培养自己对体育运动的兴趣。培养对体育运动的兴趣方法有很多，如观看体育比赛，与同学、朋友进行体育比赛等。有了浓厚的兴趣，就能自觉地投入到体育运动之中，从而得到理想的体育锻炼效果。

 二、把握运动强度

青少年进行体育运动，主要是在享受体育运动的过程中增强体质，提高健康水平，而不是为了创造运动成绩，所以运动强度不宜过大。控制运动强度最简单的办法是测定运动时的脉搏。一般对青少年来说，运动时的脉搏控制在每分钟140次左右较为合适。

第二节 运动前准备

运动前进行充分的准备活动，对于青少年来说是非常重要的。一些青少年体育运动爱好者，常常不重视运动前的准备活动，导致各种运动损伤，影响运动效果，也容易失去对体育运动的兴趣，甚至造成对体育运动的畏惧。因此，青少年在进行体育运动前，必须做好充分的准备活动。

一、准备活动的作用

运动前做好充分的准备活动能对肌肉、内脏器官起很大的保护作用，同时还可以提前调节运动时的心理状态。

（一）提高肌肉温度，预防运动损伤

运动前进行一定强度的准备活动，不仅可以使肌肉内的代谢过程加强，温度增高，血液黏滞性下降，提高肌肉的收缩和舒张速度，增强肌力，同时还可以增加肌肉、韧带的弹性和伸展性，减少由于肌肉剧烈收缩而造成的运动损伤。

（二）提高内脏器官的功能水平

内脏器官的功能特点之一就是生理惰性较大，即当活动开始、肌肉发挥最大功能水平时，内脏器官并不能立刻进入

最佳活动状态。

(三) 调节心理状态

青少年进行体育锻炼不仅是身体活动，同时也是心理活动。研究证明，心理活动在体育锻炼中起着非常重要的作用。体育锻炼前的准备活动，可以起到心理调节的作用，即接通各运动中枢间的神经联系，使大脑皮层处于最佳兴奋状态。

二、如何进行准备活动

一般来说，准备活动应主要考虑内容、时间和运动量等问题。

(一) 内容

准备活动可分为一般准备活动和专项准备活动。一般准备活动主要是一些全身性的身体练习，如跑步、踢腿、弯腰等。一般准备活动的作用在于提高整体的代谢水平和大脑皮层的兴奋状态，减少运动损伤的发生。专项准备活动是指与所从事的体育锻炼内容相适应的动作练习。

下面介绍一套一般准备活动操，供青少年运动前使用。这套活动操主要包括头部运动、肩部运动、扩胸运动、体侧运动、体转运动、髋部运动和踢腿运动等。

1. 头部运动

头部运动的动作方法(见图1-2-1)是:

两手叉腰,两脚左右开立,做头部向前、向后、向左、向右,以及绕环运动。

2. 肩部运动

肩部运动的动作方法(见图1-2-2)是:

手扶肩部,屈臂向前、向后绕环,以及直臂绕环。

3. 扩胸运动

扩胸运动的动作方法(见图1-2-3)是:

屈臂向后振动及直臂向后振动。

4. 体侧运动

体侧运动的动作方法(见图1-2-4)是:

两脚左右开立,一手叉腰,另一臂上举,并随上体侧屈而摆动。

5. 体转运动

体转运动的动作方法(见图1-2-5)是:

两脚左右开立,两臂体前屈,身体向左、向右有节奏地扭转。

6. 髋部运动

髋部运动的动作方法(见图1-2-6)是:

两脚左右开立,两手叉腰,髋关节放松,向左、向右各做360°旋转。

7. 踢腿运动

踢腿运动的动作方法(见图1-2-7)是:

两臂上举后振,同时一腿向后半步,然后两臂下摆后振,同时向前上方踢腿。

图 1-2-1

图 1-2-2

图 1-2-3

图 1-2-4

图 1-2-5

图 1-2-6

图 1-2-7

（二）时间和运动量

准备活动的时间和运动量随体育锻炼的内容和量而定。由于以健身为目的的体育运动量较小，所以准备活动的量也相对较小，时间也不宜过长，否则，还未进行体育锻炼身体就疲劳了。半小时的体育锻炼，准备活动时间一般以 10 分钟左右为宜。

第三节 运动后放松

进行剧烈的体育运动后，有些青少年习惯坐在地上，或是直接躺下来休息，认为这样可以快速消除疲劳。其实不然，这样做的结果不仅不能尽快地恢复身体功能，反而会对身体产生不良影响，正确的做法应该是运动后做一些整理活动，放松身体。

一、运动后整理活动的必要性

运动后的整理活动不但可以避免头晕等症状,还可以有效地消除疲劳。

(一)避免头晕

人体在停止运动后,如果停下来不动,或是坐下来休息,静脉血管失去了骨骼肌的节律性收缩,血液会受重力作用滞留在下肢静脉血管中,导致回心血量减少,心血输出量下降,造成暂时性脑缺血,出现头晕、眼前发黑等一系列症状,严重者甚至会出现休克。为了避免这些症状的发生,整理活动是非常必要的。

(二)消除疲劳

除了避免头晕等症状的发生,运动后的整理活动还可以改善血液循环状态,达到快速消除疲劳的目的。

二、放松方法

在运动后放松时,应注意以下几个问题:

(1)做一些放松跑、放松走等形式的下肢运动,促进下肢静脉血的回流,防止体育锻炼后心血输出量的过度下降;

(2)在下肢活动后进行上肢整理活动,右臂活动后做左臂的整理活动,通过这种积极性休息,使身体功能得到尽快恢复;

(3)整理活动的量不要过大,否则整理活动又会引起新的疲劳;

(4)在进行整理活动时,应当保持心情舒畅、精神愉快。

第四节 恢复养护

人体在运动后,除采用休息和积极性体育手段加速身体功能的恢复外,还可以根据体育运动的特点,补充不同的营养物质,以尽快消除疲劳。

体育运动结束后,人体内会产生一种叫做乳酸的酸性物质。它的积累会造成机体的疲劳,使恢复时间延长。所以,我们在体育运动后,应多补充一些碱性食物,如蔬菜、水果等,而动物性蛋白等肉类食品偏"酸",在运动后的当天可适当减少。

第二章 街舞概述

街舞起源于美国纽约,是爵士舞发展到 20 世纪 90 年代的产物,深受青少年喜爱,并迅速在世界各地发展起来。它的动作是由各种走、跑、跳组合而成的。

第一节 起源与发展

街舞,亦称 Hip-Hop,来自黑人街头舞蹈,因其轻松随意、自由个性,充满青春的活力而受到年轻人的喜爱。

一、起源

街舞包括机械舞和霹雳舞等多种舞,它原为美国黑人的一种街边文化。街舞爆发力强,在舞动时,肢体所做的动作亦较其他舞蹈夸张。它的最吸引人之处,是以全身的活力带来热情澎湃的感觉。

流行的街舞多半发源于美国纽约的布鲁克林区,一些黑人与墨西哥人的孩子整天在街上以跳舞为乐,由此形成了各种派系。

1992 年初期,出现了一种"原地性的 Hip-Hop"。它独有的风格在于注重身体的协调性,重视身体上半身的律动,以及增加了许多头部、手部的动作。

二、发展

由于街舞可以张扬个性,展示青春的活力和激情,表达勇于进取的生活态度,强调"做自己,享受生命,勇于挑战"的理念,因此,发展非常迅速。

（一）国际街舞运动

街舞有早期的 Old School 和后期的 New School。前者音乐节拍较密，动作偏向单一的技巧表演，而后者则手脚一起动，不偏重单一技巧。同样一段的节奏内，New School 显得更加多变与流畅。

（二）中国街舞运动

中国青少年最早接触街舞，始自 20 世纪 80 年代的美国电影《霹雳舞》，当时的霹雳舞就是现在 Breaking 的前身。

20 世纪 90 年代中期，街舞开始在全国各地广泛流行。现在，在各个城市的街头广场都可以看到青少年扎堆练习街舞的身影。他们还经常组织小型的比赛，功夫最好的舞者能够赢得众多青少年的推崇。

第二节 特点与价值

街舞是一种民间舞蹈，不仅具有一般有氧运动改善心肺功能、减少脂肪、增强肌肉弹性和韧带柔韧性的功效，还具有协调人体各部位肌肉群、塑造优美体态、提高人体协调能力和陶冶美感的功能。

一、特点

街舞,起源于美国"嘻哈文化",是其中重要的一环,但通过不断的发展,已具有了自身的特点。

(一)适应性强

街舞不分场合、地点,适合所有环境,并且舞蹈动作不受任何限制,完全由心而发,随性而为。舞者可以在大街小巷、街头闹市随意找个适合的场地,进行街舞运动或者表演。

(二)节奏感强

街舞强烈的富有节奏感的音乐也是其一大特色。音乐衬托出舞蹈的独特与创意,二者达到了完美的结合。

(三)张扬个性

对于街舞的追求,不仅是文化的突显,更是人性的爆发。街舞为人们提供了一个巨大的展现平台,让舞者成为焦点。

二、价值

(一)健身价值

街舞能很好地弥补其他健身项目的局限性,使锻炼更为全

面。首先,它是非常好的有氧运动,运动强度适中,使练习者在提高心肺功能的同时,达到减肥的效果。其次,它还能提高身体协调能力,使身体不常运动到的小关节和小肌肉群得以充分锻炼。再次,练习者还可根据自身的身体状况和运动基础,选择不同节奏的音乐来调整运动的强度。

(二)娱乐价值

街舞具有独特的娱乐价值。进行街舞运动,可以随着欢快动感的音乐释放内心的压力,愉悦身心。而对于观赏者来说,街舞运动可以给自己带来美的享受。

(三)经济价值

流行带来的巨大商业利润,也使商家成为街舞最积极的推动者,直接从中受益的是各路街舞明星以及唱片业。据世界唱片协会统计,全球唱片销量的一半是街舞音乐创下的。由街舞引发的服饰革命也日益引起运动服装界的关注,据了解,世界各著名运动服装品牌,都有自己的街舞服装。街舞作为一种文化象征,展现出了巨大的经济价值。

第三章 街舞场地和装备

街舞运动对场地和装备都没有严格的要求，具有较大的随意性。

第一节 场地

街舞运动对场地没有过多的限制，可以在室外或室内，甚至可以在街头小巷进行。

一、规格

场地不限，有条件的可选择室内或室外一块 10 平方米左右的平整空地，室内以木质地板为佳。

二、要求

场地一定要安全，可以根据场地的不同选择不同的街舞动作。

第二节 装备

街舞运动对装备没有特殊限制，穿着舒适得体即可，但作为一种时尚，街舞服饰在美国已经风靡了整整 20 年。

街舞的典型服饰包括：

(1) 宽大的印有夸张标志的 T 恤；

(2) 宽大拖沓的板裤、牛仔裤或侧开拉链的运动裤；

(3)篮球鞋或工人靴；

(4)钓鱼帽、棒球帽或民族花样的包头巾；

(5)头发染烫成麦穗头或编成小辫子；

(6)银质耳环或鼻环、臂环；

(7)墨镜；

(8)音响设备；

(9)滑板车；

(10)双肩背包。

第四章 街舞经典舞种

　　街舞按照舞蹈风格划分，种类繁多，归纳起来大致分为 Locking、Popping、Hip-Hop、Breaking 和 House 等。

第一节 Locking

Locking 是靠手腕的翻转、手臂的屈伸定位，配合脚步与跳跃来表现的一种舞蹈，比较强调动作的弹性，以及在快速连贯的动作与动作突然急停之间的变换。

 一、Drum

Drum 的动作方法（见图 4-1-1）是：

（1）起势，身体放松，双手与肩自然下垂，双脚丁字步站立；
（2）一只手半握拳，提胸，提肘与肩同高，手腕放松下沉；
（3）肘部不动，手腕牵动前臂与地面平行伸直；
（4）肘部不动，手腕牵动前臂收回；
（5）动作结束，手腕牵动手臂下垂，同时身体由提胸状态复原到放松状态，整个动作一拍完成。

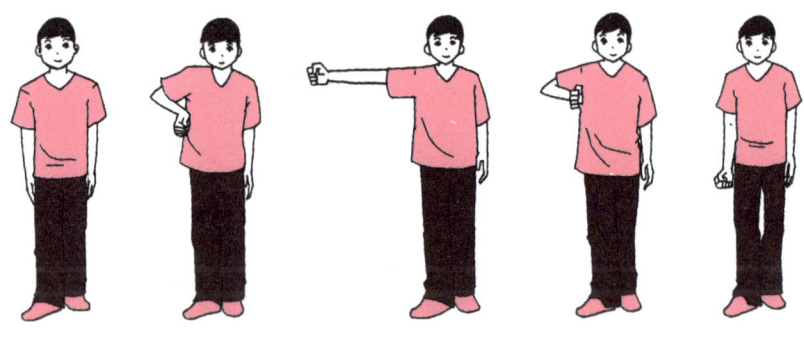

图 4-1-1

二、Point

Point 的动作方法（见图 4-1-2）是：

（1）起势，身体放松，双手和肩自然下垂，双脚丁字步站立；

（2）吸气，提胸，同时上提肘部，带动手臂到胸前，手腕自然放松；

（3）动作结束时，一只手臂向斜前方 45°伸出，同时手掌半握拳，食指伸直（注意手腕、肘、肩三点的形态），另一只手臂斜下贴在身体一侧；

（4）胯部向下坐（方向与手指方向相反），吐气，整个身体下沉，靠前的腿自然弯曲；

（5）手臂、胯、身体的动作同时完成，瞬间停住，整个动作一拍完成。

图 4-1-2

三、Lock

Lock 的动作方法（见图 4-1-3）是：

（1）起势，身体放松，双手与肩自然下垂，双脚丁字步站立；

（2）吸气，提胸，同时于身体两侧上提肘部，带动上臂与肩同高，前臂与手腕自然放松、下垂（此过程非常快）；

（3）手腕向上翻，带动前臂向上，肘部高度不变的同时，带动前臂由身体两侧向内略收，胸部保持提起状态；

（4）手腕带动整个手臂，恢复至步骤（2）的动作；

（5）手腕下压，继续带动手臂向下运动，肘部向身体两侧收拢，同时身体下压，由提胸状态向前倾状态过渡；

（6）动作结束，握拳，手腕带动手臂，由身体两侧向前"推"，手臂自然弯曲，同时上身前倾约 45°，前腿自然弯曲，脚尖点起，利用肘部肌肉收缩和胯的下坐，产生"锁"住的感觉。

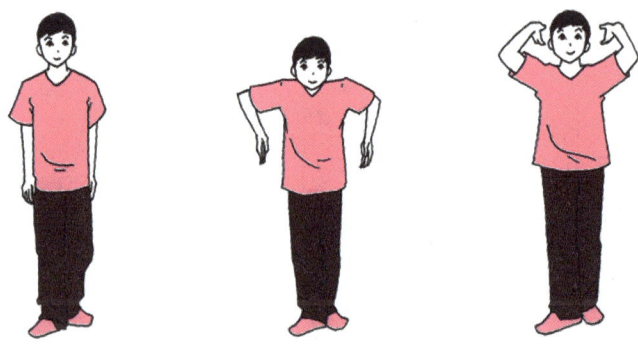

图 4-1-3

 四、Kick Walk

Kick Walk 的动作方法（见图 4-1-4）是：

（1）起势，身体放松，双手与肩自然下垂，双脚丁字步站立；

（2）挥动手臂（像慢跑时的手臂姿势），带动右腿向前蹬，此时身体重心在左脚；

（3）左右手臂继续摆动，准备交换前后状态，同时屈右腿，蓄势准备踏向前方地面，重心准备向前脚转移；

（4）完全交替手臂前后状态，上身略前倾，重心转移至右脚，双腿弯曲，同时膝盖向外侧打开，脚尖着地；

（5）利用右脚脚尖和地面的反弹力，上身由前倾状态向后拉起，呈直立状态，恢复成步骤（3）的动作；

（6）继续交替挥动手臂一回，同时左脚向上抬起，右脚着地，整个过程是一个跳跃动作；

（7）左脚踏向前方，身体略前倾，手臂挥动后停住。

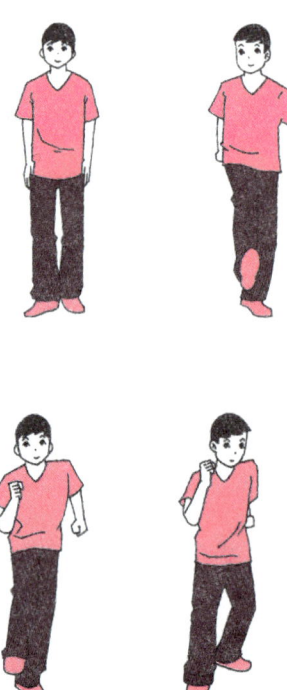

图 4-1-4

五、Locking 套路组合

(一)第一个八拍

第一个八拍的动作方法(见图 4-1-5)是:

(1)第一拍,右手臂在身体左侧斜上方 45°伸出;

(2)第二拍,做 Point;

(3)第三拍,翻手腕,准备做 Lock;

(4)第四拍,做 Lock;

(5)第五拍,身体拉起,继续做右斜上方的 Drum;

(6)第六拍,连续做正右侧的 Drum,身体略右倾;

(7)第七拍,换左手做 Drum,同时左腿向左侧踏出,身体换成向左略倾;

(8)第八拍,收拢左腿,同时左手做 Point。

图 4-1-5

(二)第二个八拍

第二个八拍的动作方法(见图4-1-6)是:

(1)第一至四拍,做 Kick Walk 动作;

(2)第五拍,上提身体,翻手腕;

(3)第六拍,双手向下交叉,身体下压,迫使双腿弯曲;

(4)第七拍,右手向上翻动到肩部,左手拉直,身体右倾,左脚蹬出;

(5)第八拍,右手向斜下方直插,左手插在右臂下方,同时左右脚变换相互姿势。

图 4-1-6

(三)第三个八拍

第三个八拍的动作方法(见图 4-1-7)是:

(1)第一拍,双手上提,带动身体直立,同时右脚抬起;

(2)第二拍,双手于身后拍手,身体前倾,同时左脚抬起;

(3)第三拍,左腿向左下方蹬出,同时身体向右侧拉伸;

(4)第四拍,变换身体左右对称姿势;

(5)第五拍,右腿落下,左腿抬起,同时身体拉起;

(6)第六拍,左脚落地,同时右手做Point;
(7)第七拍,做Lock;
(8)第八拍,保持Lock姿势,动作结束。

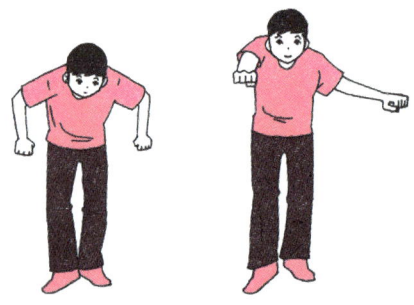

图 4-1-7

第二节 Popping

Popping，俗称机械舞，是靠肌肉的强烈收缩、关节的震动、身体各部位的错位来表现类似机械效果的舞蹈。

 一、Wave动作分解

(一) 手臂 Wave

手臂 Wave 的动作方法（见图 4-2-1）是：
(1) 起势，双臂自然平伸，大拇指与手掌并拢；
(2) 右手手指第二关节弯曲，其他部位不动；
(3) 右手手指与手掌连接的关节弯曲，大拇指与食指第二关节并拢；
(4) 五指并拢向下，提起手腕关节；

(5)手腕与手掌拉成与地面平行状态,同时提起肘部;

(6)肘部复原拉直,提起右肩;

(7)右肩还原,提起左肩;

(8)左肩还原,提起肘部,同时注意手腕发力,使手掌保持与地面平行,同步骤(5);

(9)肘部还原,手腕上提,同时注意手掌平伸;

(10)手腕还原,手掌与手指连接关节弯曲,同步骤(3);

(11)手掌与手指连接关节还原,手指第二关节弯曲;

(12)动作结束,手指伸平。

图 4-2-1

(二)身体 Wave

身体 Wave 的动作方法(见图 4-2-2)是:

(1)起势,颈部向前方伸出,身体其他部位保持正常姿势不动;

（2）颈部还原，同时肩由前向后，顺时针做划圆动作，最后停在向后拉的状态上；

（3）用肩的后拉力量，把胸部尽量向前顶出；

（4）胸部还原，顶出腹部；

（5）腹部还原，顶出胯部；

（6）收腹，胯部向后收，同时双腿半弯曲，膝盖内收。

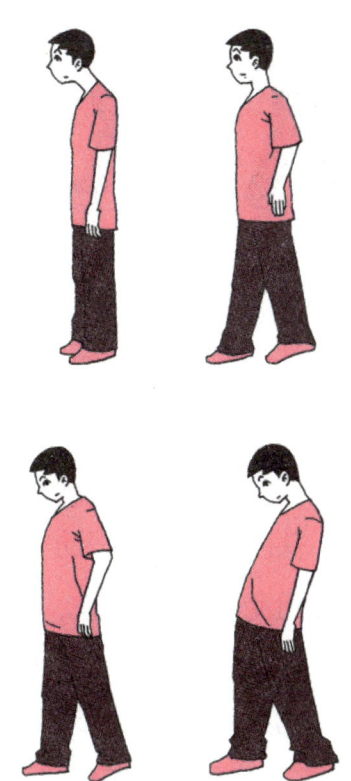

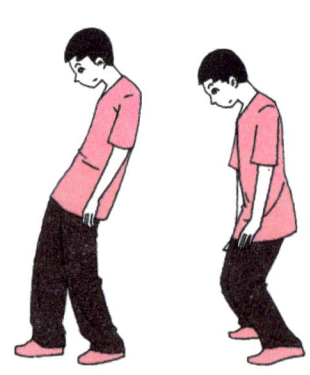

图 4-2-2

二、Neck Roll

Neck Roll 的动作方法(见图 4-2-3)是:

(1)站立,身体放松,头部先向一侧扭动 90°;

(2)接着头部向另一侧扭动 180°后定住,注意躯干保持原状,正面向前;

(3)头部不动,用肩带动身体转动 180°;

(4)再次转动头部 180°,身体保持不动;

(5)再次转动身体,头部保持不动;

(6)头部转向正面,动作结束。

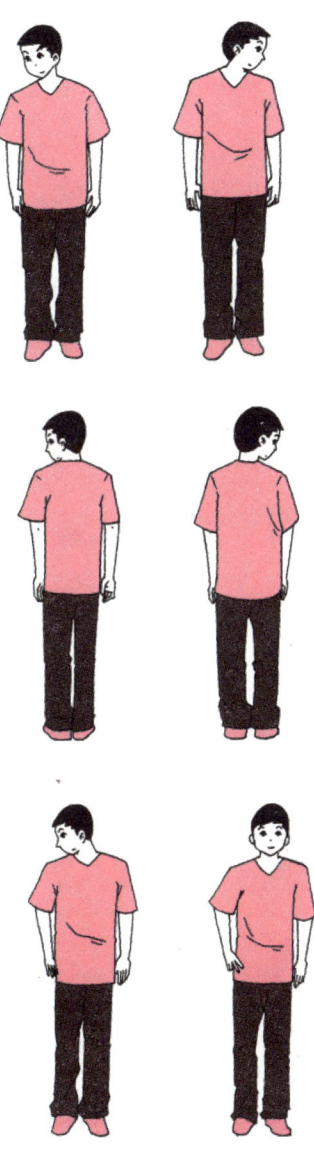

图 4-2-3

三、Boogaloo Step

Boogaloo Step 的动作方法(见图 4-2-4)是：
(1)出胯，带动左腿向右前方滑出；
(2)胯转向右侧，同时带动左腿滑向左前方；
(3)下盘保持不动，身体向左倾，胯向右边顶出；
(4)左腿固定不动，甩胯带动右腿向左前方滑出；
(5)胯继续带动右腿向右前方滑动；
(6)下盘保持不动，身体向右前倾，同时胯向左顶出。

图 4-2-4

四、Twist-O-Flex

Twist-O-Flex 的动作方法（见图 4-2-5）是：

（1）前臂抬起，同时做一个 Pop（身体各个部位的肌肉强烈快速地收缩震动），上臂与地面平行，与身体垂直，同时抬右脚，身体保持直立状态；

（2）双手放下，卡腰，同时右脚落地，向后退一小步；

（3）保持卡腰姿势，上身向左转 90°，其他部位保持原状；

（4）右腿膝盖弯曲，使右脚脚尖点地；

（5）利用左脚脚跟和右脚脚尖发力，使身体下半身左转 90°；

（6）头部转动 90°；

（7）踏步还原。

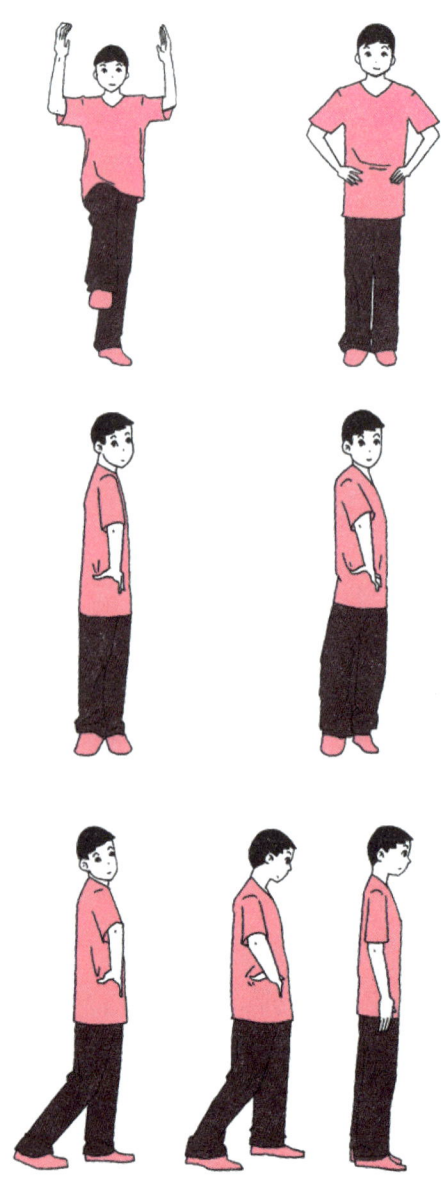

图 4-2-5

五、Popping 组合动作

(一)第一个八拍

第一个八拍的动作方法(见图4-2-6)是:

(1)第一拍,右手抬起做一个Pop,同时胯略向右顶出;

(2)第二拍,在左侧重复做相同动作;

(3)第三拍,上体左侧下压成45°,胯部向右顶出,做一个Pop;

(4)第四拍,在右侧重复做相同动作;

(5)第五拍,身体拉起,左腿弯曲,勾在右腿膝盖处,同时变换手臂姿势,做一个Pop;

(6)第六拍,左腿向左下方踏出,拉动整个身体向右倾斜,同时变换手臂姿势;

(7)第七拍,左膝关节内扣,身体继续右倾,头部放于右肩上,从身体右侧滑向体前,并继续滑到身体右侧;

(8)第八拍,右腿与左腿并拢,身体直立复原,同时抬左手做一个Pop。

图 4-2-6

(二)第二个八拍

第二个八拍的动作方法(见图 4-2-7)是:
(1)第一至六拍,做一组双臂平伸的 Neck Roll;
(2)第七拍,右腿侧出,右臂弯曲抬起,做一个 Pop;
(3)第八拍,右臂推直,做一个 Pop。

图 4-2-7

(三)第三个八拍

第三个八拍的动作方法(见图4-2-8)是:
第一至八拍,做一组Twist-O-Flex。

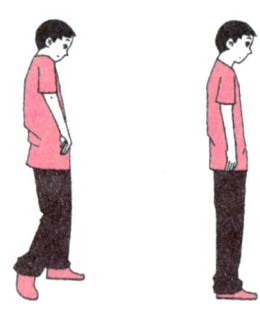

图 4-2-8

第三节 Hip-Hop

Hip-Hop 是以身体的协调性和律动性,融入其他街舞元素,即一个街舞舞种的大杂烩。

一、Up Down 动作分解

(一)Up 律动

Up 律动的动作方法(见图 4-3-1)是:
(1)颈部上提,下颌内收,胸部尽量向斜上方挺出;
(2)收腹,双腿拉直,手臂半握拳下垂;
(3)整个身体向上拉,主要靠颈、胸、腰、腿和手臂的同时配合完成。

图 4-3-1

(二)Down 律动

Down 律动的动作方法(见图 4-3-2)是:

(1)颈部下放,下颌上抬,胸部尽量向斜下方收回;

(2)腰向前挺出,双腿弯曲,手臂半握拳提起;

(3)整个身体向下压,主要靠颈、胸、腰、腿和手臂的同时配合完成。

图 4-3-2

(三)Up Down 律动连接

Up Down 律动连接的动作方法(见图 4-3-3)是：

把 Up 和 Down 按照匀速连接起来做，每一组 Up Down 用一拍完成，即 Up 半拍，Down 半拍，整个躯干在做 Up Down 时始终呈"S"状。

图 4-3-3

二、Hip-Hop 舞步一

Hip-Hop 舞步一的动作方法（见图 4-3-4）是：

（1）第一拍，右腿向右迈出，膝盖弯曲呈半蹲姿势，脚尖向正前方，胯向右挺出，身体略向左倾斜，手臂自由摆动，律动为 Down，Up 为过渡动作，占半拍；

（2）第二拍，左腿跟上，与右腿并拢，同时做一个基本 Down 律动，Up 为过渡动作，占半拍；

（3）第三拍，左腿迈出，膝盖弯曲呈半蹲姿势，脚尖向正前方，胯向左挺出，身体略向右倾斜，手臂自由摆动，律动为 Down，Up 为过渡动作，占半拍；

（4）第四拍，右腿跟上，与左腿并拢，同时做一个基本 Down 律动。

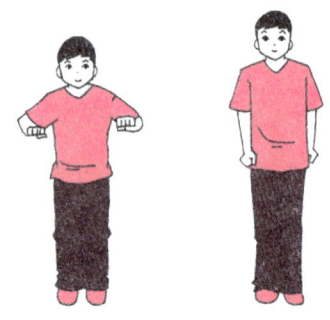

图 4-3-4

三、Hip-Hop 舞步二

Hip-Hop 舞步二的动作方法（见图 4-3-5）是：

（1）第一拍，做基本 Down 律动，身体尽量压低，膝盖和脚踝向内收，手臂上提，Up 为过渡动作，占半拍；

（2）第二拍，右腿向斜前方迈出，同时向左挺出胯部，重心保持在左脚，手臂上提，自由摆动，律动为 Down，Up 为过渡动作，占半拍；

(3)第三拍,做基本 Down 律动,身体尽量压低,膝盖和脚踝内收,手臂上提,Up 为过渡动作,占半拍;

(4)第四拍,左腿向斜前方迈出,同时向右挺出胯部,重心保持在左脚,手臂上提,自由摆动,律动为 Down,Up 为过渡动作,跟上右脚,同时做 Down 律动,动作结束。

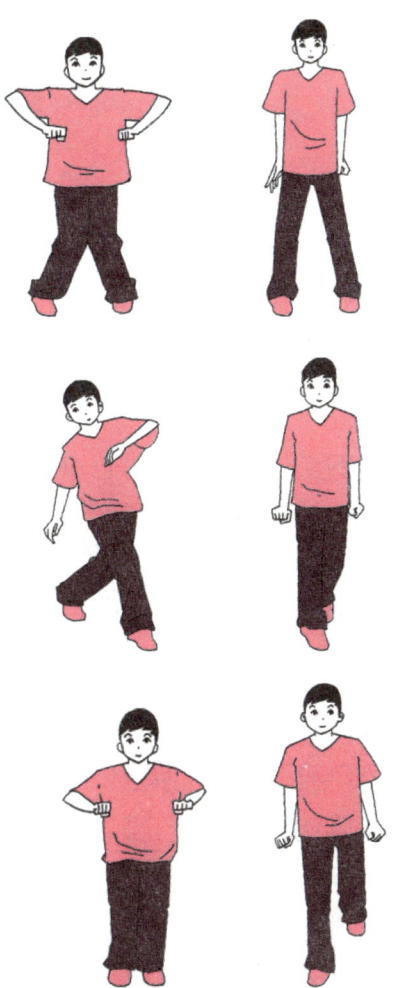

图 4-3-5

四、Hip-Hop 舞步三

Hip-Hop 舞步三的动作方法(见图 4-3-6)是:

(1)第一拍,用 Up 律动将身体拉起,同时右脚抬起,准备向前下方地面踏出,手臂自然挥动;

(2)第二拍,右脚踏出,同时左脚向后滑动,手臂交替挥动,身体下压,将腰部向正前方顶出,律动为 Down;

(3)第三拍,再次用 Up 律动将身体提起,同时右腿向后拉直,左脚抬起,准备向前下方地面踏出,手臂自然挥动;

(4)第四拍,左脚踏出,同时右脚向后滑动,手臂交替挥动,身体下压,将腰部向正前方顶出,律动为 Down。

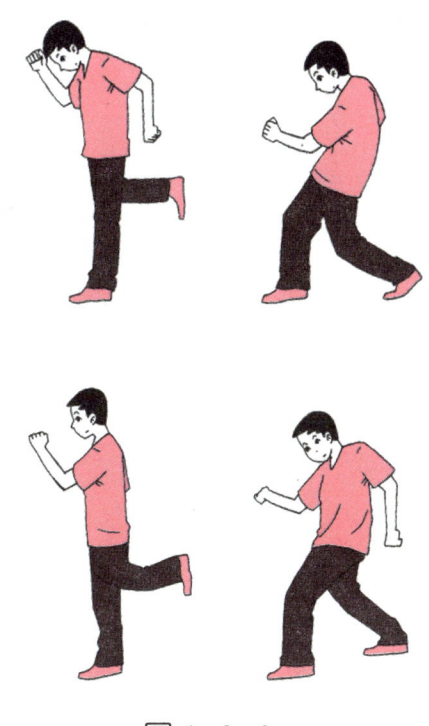

图 4-3-6

五、Hip-Hop 舞步四

Hip-Hop 舞步四的动作方法（见图 4-3-7）是：

（1）第一拍，左腿弯曲，脚尖点地向一侧滑出，右腿略弯曲，保持原位置不动，上身向右倾斜，呈"弓"状，腰顶出，胯向右顶出，双手上提，与胸平行，律动为 Up，Down 是过渡动作，占半拍；

(2)第二拍，右腿滑动与左腿并拢，做基本 Up 律动；

(3)第三、四拍，同第一、二拍动作，只是手臂与脚的次序相反。

图 4-3-7

六、Hip-Hop 套路组合

(一)第一个八拍

第一个八拍的动作方法(见图 4-3-8)是：

(1)第一拍，两臂伸直，向下交叉于腰部，双腿下压，膝关节内收，身体高度保持不变，双腿向外侧打开，同时双臂上下平屈，交于胸前；

(2)第二拍，双腿拉成直立状态，膝关节内收，双手交叉于胸前，双腿并拢，变换手臂动作；

(3)第三拍,左手空中划半圆,拍向身体侧面;

(4)第四拍,右脚向右侧滑出,左腿弯曲,左手放于右臂下方;

(5)第五拍,双腿并拢,身体拉直,同时右手绕头一周;

(6)第六拍,左手向前推出,身体下压,左倾,右胯顶出,双脚略分开;

(7)第七拍,相反方向重复步骤(6)的动作;

(8)第八拍,双手握拳交叉,右脚向斜前方踏出,双手提起,顶胯,抬起左腿。

图 4-3-8

（二）第二个八拍

第二个八拍的动作方法（见图4-3-9）是：

（1）第一拍，双手体前交叉，左脚踏在右脚斜后方，身体下压；

（2）第二拍，右脚向右侧滑动，使双腿分开，向内弯曲，右手经身体后方划到头顶，右手肘部下压，左手肘部上提，使身体右倾，同时双腿打开呈弓步；

（3）第三拍，身体向左侧转动，双手交叉，然后拨开，身体转向正面；

（4）第四拍，身体拉起，手臂托起；

（5）第五拍，右手向斜下方插出，身体略左转，右倾，右手向斜上方拉起，收腰，提起左腿；

（6）第六拍，反方向重复做步骤(5)；

（7）第七拍，重复做步骤(5)；

（8）第八拍，左腿踏地，右手臂右上方伸直。

图 4-3-9

（三）第三个八拍

第三个八拍的动作方法（见图 4-3-10）是：
(1) 第一至二拍，身体右倾，变换手臂动作，腰向左顶；
(2) 第三至四拍，左腿迈向右腿后方，手臂自然挥动；
(3) 第五至六拍，手臂交替挥动，左脚不动，右脚向右迈一步；

(4)第七拍,右手向上拉直,同时带动身体提起,然后右手向下拉,同时身体下压;

(5)第八拍,双腿伸直,左臂抬起,屈于体侧,右臂自然下落于体侧,同时上体左倾,髋部向右侧顶出,动作结束。

图 4-3-10

第四节 Breaking

Breaking 是以"拖马斯"、"风车"、头转、倒立等各种高难度技巧配合，再融合舞蹈律动和节奏的一种舞蹈。

一、基本动作

(一)Top Rock

1.Top Rock 分解一

Top Rock 分解一的动作方法(见图 4-4-1)是：

(1)双手于胸前交叉，收腹，左腿抬起，身体右倾，重心在右腿；

(2)双臂向上张开，腹部向前顶出，同时带动左腿向斜前方踏出，此时身体由于惯性左倾；

(3)保持身体左倾状态,环抱手臂于胸前,收腹,右腿抬起;
(4)双臂再次张开,反方向重复步骤(2),此动作为左右对称动作,可反复做。

图 4-4-1

2.Top Rock 分解二

Top Rock 分解二的动作方法(见图 4-4-2)是:

(1)踢出右腿,手臂自然挥动;
(2)换腿,右腿落地,左腿抬起,同时身体重心移向右腿;
(3)挥动上臂,提胯,带动左腿空中划半圆落地,同时右腿

抬起,此时身体右倾,重心落于左腿;

(4)挥动手臂,换腿,右腿落地,踢左腿,同时把身体调整到正面;

(5)换腿,左腿落地,右腿抬起,同时身体重心移向左腿,手臂自然挥动;

(6)挥动上臂,提胯,带动右腿空中划半圆落地,同时左腿抬起,身体左倾,重心落于右腿。

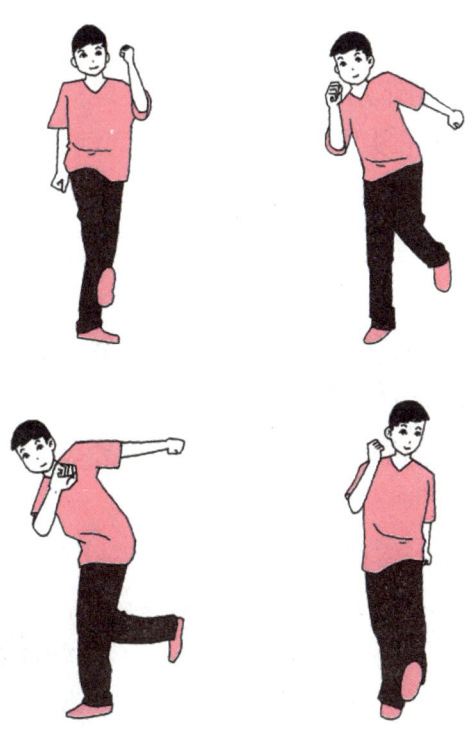

图 4-4-2

(二)Up Rock

Up Rock 的动作方法(见图 4-4-3)是:

(1)双手环抱于头顶斜上方,腰部向前顶出,左腿向前迈一步;

(2)利用收腹的力量,把右腿拉起(尽量高),同时左手环抱右腿,右手可扶头;

(3)挺腰,右腿向后方踏下,双手自然放回腰间;

(4)收腹,使身体前倾,此过程为过渡动作,占半拍;

(5)下蹲,同时双腿并拢,双手放于膝盖上,动作结束。

图 4-4-3

(三)Foot Work

Foot Work 的动作方法(见图 4-4-4)是:

(1)起势,双手(用手指支撑)与双脚(前脚掌)撑地,腹部收紧,双腿弯曲,膝盖内收;

(2)左腿向身体右侧迈出,带动腰部一起运动,右腿不动,变为左手撑地;

(3)保持身体姿势不变,左脚位置不动,右腿跟上左腿,迫使左腿弯曲;

(4)右脚位置不变,左腿带动腰部一起运动,划半圆到身体正前方,同时右手接触地面,变成双手撑地;

(5)左脚位置不变,右腿带动腰部一起划半圆到身体左前方,左手抬起;

(6)身体姿势及右脚位置不变,左腿带动腰部一起运动,滑向斜后方；

（7）右腿滑向身体斜后方，左手触地，还原呈起势。

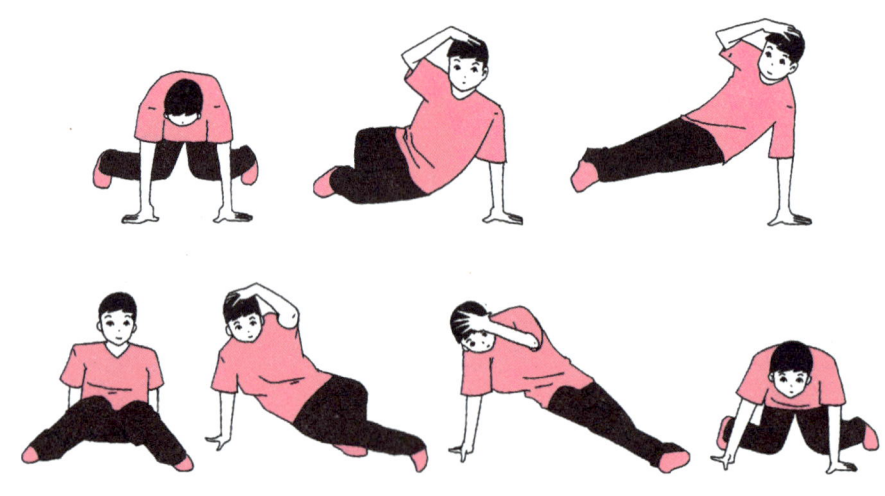

图 4-4-4

二、难度动作

（一）Chair Freez

Chair Freez 的动作方法（见图 4-4-5）是：

右臂肘部顶于腰侧，作为中心支点，通过调节与其他分支点的位置，可以变换出不同的姿势。

图 4-4-5

(二)Hand Poss

Hand Poss 的动作方法(见图 4-4-6)是:

(1)双手触地,准备倒立;

(2)用双手支撑身体,上腰,双腿离地弯曲,准备做 Hand Poss;

(3)身体转向正面,单手支撑身体,挺胸,用腰的位置变化保持重心,然后即可做出多种姿势。

图 4-4-6

（三）Wind Mill

Wind Mill 的动作方法（见图 4-4-7）是：

（1）起势，弯腰，左手扶地，双腿拉开；

（2）右手撑向地面，同时右腿横扫，带动身体转动；

（3）身体贴向地面，右手支撑身体，双腿尽量向两侧拉开，利用双腿的绞动力量，带动身体顺时针转动；

（4）双腿带动身体继续转动，此时身体过渡到背部触地，腹部略收，使双腿腾空；

(5)利用双腿力量继续转动，靠腰部使身体腾空，此时双手辅助支撑身体；

(6)转完一圈，可用 Freez 动作结束，亦可接着做第二周或一直重复。

图 4-4-7

(四)Head Spin

Head Spin 的动作方法(见图 4-4-8)是：

(1)头手倒立，左腿摆向右侧，准备顺时针转动；

(2)双腿横向拉开转动，同时双手拨地，使身体转动；

(3)双手再次拨地，双腿利用惯性继续转动，双腿保持左右平衡；

(4)继续转动，随着手与腿不断的加力，转速会越来越快；

(5)到一定速度和平衡点，可放开双手，同时双腿略收，便会飞速转动；

(6)转动时注意头顶、颈部、躯干要控制在一条直线上，双手平伸，可保持平衡；

(7)双腿平伸，双手撑地，停止旋转；

(8)最后可做 Freez，动作结束。

图 4-4-8

第五节 House

House 是伴随着 House 音乐发展而出现的,是一种以脚步动作为主的舞蹈形式。

 一、House 舞步一

House 舞步一的动作方法(见图 4-5-1)是:

(1)第一拍,右腿从右侧滑行,交叉到左腿后方,手臂自由摆动;

(2)第二拍,右腿位置不动,左腿向后退一小步,重心移离身体前方,然后左脚位置不动,右脚靠身体重心前倾力量,向前迈出一大步;

(3)第三拍,重心不变,左脚交叉于右脚后方;

(4)第四拍,左脚位置不动,右脚向后退一小步,同时身体重心向身体前方过渡,右脚位置不动,左脚靠身体重心前倾力量,向前迈出一大步,如此反复。

图 4-5-1

二、House 舞步二

House 舞步二的动作方法(见图 4-5-2)是:

(1)第一拍,右腿向左前方迈出,同时腰向左顶出,手臂自由挥动;

(2)第二拍,右腿位置不动,左腿横向踏蹬,同时腰部折成弧线状,顶向右侧;

(3)第三拍,腰保持不动,双腿交叉;

(4)第四拍,左腿位置不动,右腿横向踏出,同时腰向左顶出,如此反复。

图 4-5-2

三、House 舞步三

House 舞步三的动作方法(见图 4-5-3)是：

(1)第一拍，双手向右上方挥动，带动右腿抬起，身体向上略跳起，准备向右转动；

(2)第二拍，利用双手挥动惯性，身体转动 90°下落，双腿略蹲；

（3）第三拍，双手向左上方挥动，带动左脚抬起，身体向上略跳起，准备向左转动；

（4）第四拍，利用双手挥动惯性，身体转动90°下落，双腿略蹲，如此反复。

图4-5-3

四、House 舞步四

House 舞步四的动作方法（见图 4-5-4）是：

(1)第一拍，胯向前顶，同时右脚向前踏出，左脚脚尖点地；

(2)第二拍，身体和左腿转向正前方，右脚脚跟点地；

(3)第三拍，身体拧向右侧，胯向前顶，同时左脚向前踏出，右脚脚尖点地；

(4)第四拍，身体和左腿转向正前方，左脚脚跟点地，如此反复。

图 4-5-4

五、House 套路组合

（一）第一个八拍

第一个八拍的动作方法（见图4-5-5）是：

（1）第一拍，右腿从右侧滑行，交叉到左腿后方，手臂自由摆动；

（2）第二拍，右腿位置不动，左腿向后退一小步，重心向身体前方过渡，左脚位置不动，右脚靠身体重心前倾力量，向前迈出一大步；

（3）第三拍，顶左胯，左腿向右方踏出，同时身体顺时针转动180°；

（4）第四拍，重复步骤(3)，继续转动；

（5）第五拍，腰顶向右侧，同时左腿向右前方迈出；

（6）第六拍，左腿位置不动，右腿横向踏出；

（7）第七拍，右腿向左前方迈出，同时腰向左顶出；

（8）第八拍，右腿位置不动，左腿横向踏出。

图 4-5-5

（二）第二个八拍

第二个八拍的动作方法（见图 4-5-6）是：

（1）第一拍，右脚位置不动，左脚交叉于后；

（2）第二拍，左脚位置不动，右脚向后退一小步，同时身体重心向身体前方过渡，右脚位置不动，左脚靠身体重心前倾压力用力蹬地；

（3）第三拍，双手向右上方挥动，带动右腿抬起，身体向上略跳起，准备向右转动；

（4）第四拍，利用双手挥动惯性，身体转动 90°下落，双腿略蹲；

（5）第五拍，双手向左上方挥动，带动左脚抬起，身体向上略跳起，准备向左转动；

（6）第六拍，利用双手挥动惯性，身体转动90°下落，双腿略蹲；

（7）第七拍，双手平伸，双腿交叉，准备转身一周；

（8）第八拍，原地转身一周到正面。

图4-5-6

（三）第三个八拍

第三个八拍的动作方法（见图 4-5-7）是：

（1）第一至二拍，胯向前顶，同时右脚向前踏出，左脚脚尖点地；

（2）第三拍，身体和左腿转向正前方，右脚脚跟点地；

（3）第四至五拍，身体拧向右侧，胯向前顶，同时左脚向前踏出，右脚脚尖点地；

（4）第六拍，身体拧向左侧，同时双腿交叉，准备转圈；

（5）第七拍，转身 180° 到后方；

（6）第八拍，继续转动到前方，结束整组动作。

图 4-5-7

第五章 街舞比赛规则

街舞比赛需要遵循一定的程序来开展,同时也需必要的裁判工作来维持。合理的程序是比赛顺利进行的前提条件,严谨的裁判工作是比赛公平、公正的基本保证。

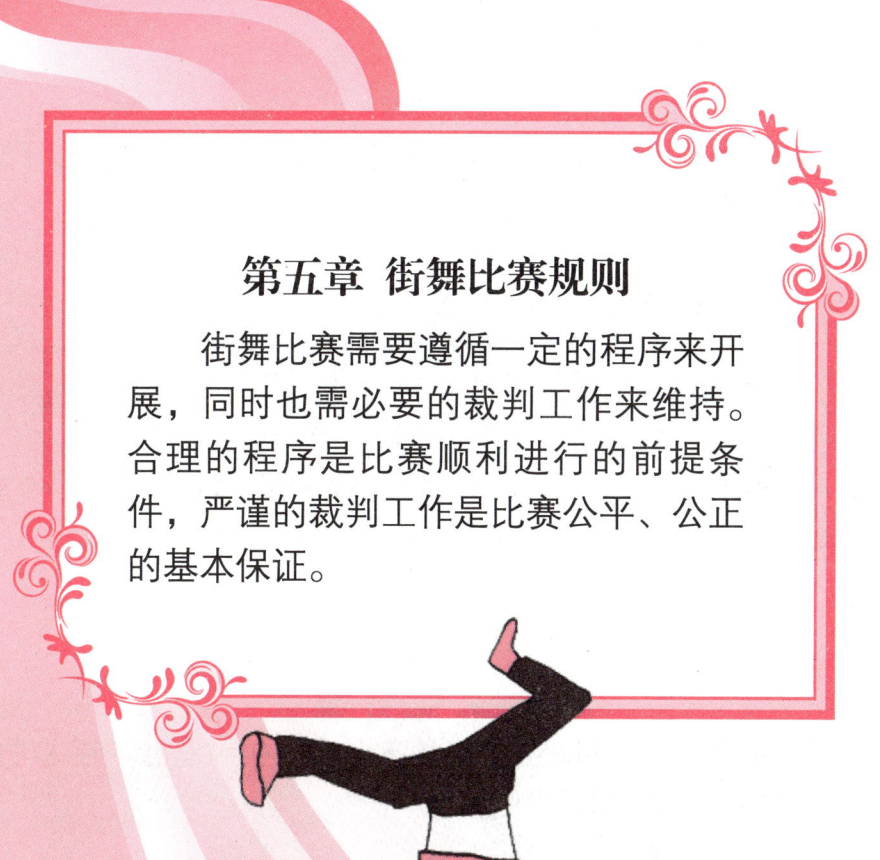

第一节 程序

街舞比赛的程序会根据具体条件的不同而加以变化,以下介绍的是一般比赛程序。

 一、参赛办法

(一)出场顺序

健身街舞和男单、女单预赛、决赛出场顺序,在赛前一个星期由指定中间人代替抽签确定。

(二)弃权

参赛选手在开赛叫到后 20 秒不出场视为弃权,宣布弃权后,选手将失去参加本项比赛的资格。

(三)更换选手

确认报名后不得更换参赛选手,如确因伤病需更换,必须在比赛开始前 24 小时,持大会医生证明提出申请,由组委会同意后方可更换。

二、比赛方法

（一）成套编排

（1）参赛内容应为纯正的 Hip-Hop 类型的舞蹈，主要包括 Popping、Locking、House、Breaking、New Style、Punking、Bebop、Street Jazz 等，各类舞蹈可单独表演，也可根据情况组合编排；

（2）成套动作中可以加入 Solo，但不作为加分的因素，只视为编排的一种类型，Solo 的设计应保持成套动作风格的完整性和协调性；

（3）成套编排要积极、健康，充满活力，富有创造力和新意，作品应为原创；

（4）成套编排能充分体现所选舞种的技术特点，表现出良好的基本功深度和广度；

（5）成套编排能体现音乐的风格与内涵，动作和音乐应有完美的结合；

（6）全套动作应完整连贯，过渡自然，连接流畅；

（7）个人项目应充分利用场地，编排注重艺术性和表演性；

（8）集体项目应有良好的团队配合和交流，有丰富的队形变化。

（二）成套动作时间

（1）流行街舞集体组比赛时间为 4 分~4 分 30 秒，单人组比

赛时间2分30秒~3分,斗舞比赛时间为10~20分;

(2)健身街舞比赛时间为 2分30秒~3分。

(三)音乐伴奏

(1)可以使用一首或多首乐曲混合的音乐,原创或剪辑音乐均可,也可加入特殊音响效果;

(2)音乐内容不得有任何反映暴力、色情、反动等不健康的因素,赛前须经大赛组委会专门负责人审核批准后方可使用,否则取消参赛资格;

(3)音乐必须录制在光盘的A面开头,录制效果必须达到专业化水准,允许有前奏。

第二节 裁判

街舞比赛的裁判人员由多人组成,分工明确,以确保比赛的公正与公平。

 一、裁判员

(一)裁判人员组成

裁判组由1名裁判长、2名副裁判长、7名裁判员和1名MC组成。

(二)裁判人员职责

裁判长对比赛的全过程进行组织和监控,并对下列情况进行减分,每项均减 0.2 分:

(1)成套动作时间超过或不足;
(2)着装不符合规定;
(3)参赛人数不符合规定;
(4)超出比赛规定的场地范围。

二、评分

(一)成套动作 10 分

(1)编排与创意 3 分;
(2)动作完成与质量 3 分;
(3)感觉与表现力 2 分;
(4)音乐选择与质量 1 分;
(5)服饰与形象 1 分。

(二)斗舞 10 分

可设 3~5 轮,采取小组淘汰制进行评判。
(1)难度与创新 3 分;
(2)完成与质量 2 分;

(3)完整与连贯 2分；

(4)乐感与配合 2分；

(5)现场表现与气氛 1分。

 三、特殊情况

特殊情况发生时，应立即停止做动作，向仲裁委员会提出申请重做，经批准后执行，比赛以后提出的抗议无效，被视为特殊情况的有：

(1)音乐播放错误；

(2)由于音响设备而出现的音乐问题；

(3)由于现场设备问题引起的干扰，如灯光、赛台、摄像机等；

(4)其他任何与选手无关的异物进入比赛场地；

(5)选手责任外的特殊情况而引起的弃权。

第六章 吊环、平衡木、跳马概述

吊环、平衡木和跳马都是体操的分支项目。这三个项目分别在各自的规定器械上完成动作,并根据动作的难度、编排和完成情况得分。

第一节 起源与发展

吊环、平衡木和跳马是借助器械做出动作的体操项目，是体育和艺术相结合的产物。

 一、吊环起源与发展

1842年，德国的施皮斯制作了世界上第一副吊环，作为体操训练的辅助器材。

19世纪下半叶，吊环发展成为独立的比赛项目。

1896年，吊环被列为奥运会比赛项目。

二、平衡木起源与发展

平衡木起源于德国。18世纪末，德国体操专家将其作为体操训练的辅助器材，后传入欧美国家。

平衡木最初为圆形，两端和中部用支架支撑。19世纪初，德国体操专家古茨穆特斯将平衡木设计成平面，置于地上。

1845年，平衡木成为女子体操项目，1952年被列为奥运会比赛项目。

三、跳马起源与发展

跳马最初是古罗马帝国的一种骑术训练方法，最初用真马训练，后来改为用与真马外形相似的木马训练，木马上配有马鞍。

1719年，这种木马的马腿被改为立柱。1795年，木马的马头被去掉。1811年，木马的马尾又被去掉，其两端被改为圆形，马身由皮革包制。

1836年，德国的施皮茨首次表演了跳马。

1896年，男子跳马被列为奥运会比赛项目，1952年，女子跳马被列为奥运会比赛项目。

第二节 特点与价值

吊环、平衡木和跳马都是体操的分支项目，具有体操的普遍特点和价值。

 一、特点

（一）内容丰富，形式多样

吊环、平衡木和跳马的内容丰富、形式多样，练习者可以根据自身条件和水平，以及不同的练习目的，选择不同的动作进行练习，以达到锻炼身体、增强体质、增进健康的目的。

（二）全面锻炼和重点锻炼相结合

练习者合理的选择动作，坚持长期锻炼，就能全面增强各运动器官、内脏器官和神经系统功能，促进身体的全面发展。此

外,练习者还可着重锻炼身体的某个部位,或发展某种身体素质,从而进一步促进身体的全面发展。

(三)运用保护和帮助

保护和帮助不仅是一种安全措施,也是一种重要的安全教学手段。实践证明,在练习中正确地运用和熟练地掌握保护和帮助的方法,对防止受伤、加速掌握动作、提高运动技术水平、培养团结互助的思想品德,都具有非常重要的作用。

二、价值

(一)健身价值

进行吊环、平衡木和跳马运动,可以锻炼腕、肩、髋等部位的灵活性与协调性,对提高运动能力、改善机能状况、塑造健美形体等具有很好的作用。

(二)培养意志品质

吊环、平衡木和跳马运动都具有一定的危险性和挑战性,每个动作都需要反复进行练习,这不仅是一种拼搏精神的反映,同时更是对自我的挑战,有助于培养勇敢顽强、大胆果断、勇于拼搏的意志品质。

第七章 吊环、平衡木、跳马的场地、器材和装备

吊环、平衡木和跳马的动作丰富，具有很强的观赏性、艺术性和创造性。高质量的场地是运动开展的前提条件，良好的器材和装备是练习者高水平发挥的必要保证。

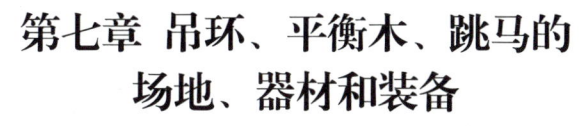

第一节 场地

练习者要选择空旷、通风的体操馆作为运动场地,以利于运动中氧气的供应和二氧化碳的扩散,同时还要考虑光线、卫生条件等因素。

场地上要铺设垫子,厚度在18~22厘米之间,用于动作结束时的缓冲,以免因压力而使脚底或腰部受伤。

第二节 器材

吊环、平衡木和跳马运动都是借助器材来完成动作的,这些器材都有一定的规格和要求。

一、吊环

(一)规格

吊环架高550厘米,环高255厘米,两环间距离50厘米,环与同侧立柱距离125厘米,两立柱间距离300厘米(见图7-2-1)。

(二)要求

吊环要安装在体操馆内,拉链挂在铁桩子的钩上。吊环架要坚固,两环表面要光滑,不得有裂缝。

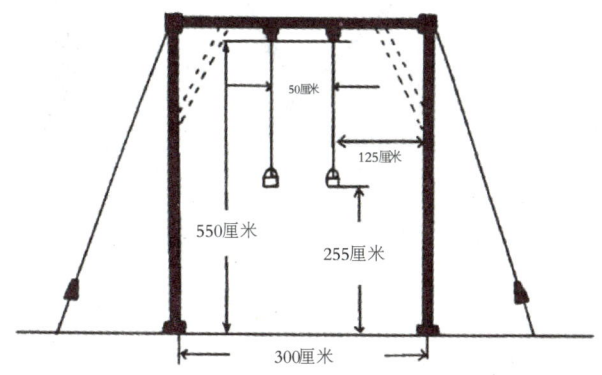

图 7-2-1

 二、平衡木

(一)规格

平衡木长 500 厘米,高 120 厘米,宽 10 厘米,厚 16 厘米(见图 7-2-2)。

(二)要求

平衡木要坚固不摇晃,面平木直,升降方便。木面上覆盖一层 0.2～0.3 厘米厚的毯子,毯子要有弹性、不光滑。

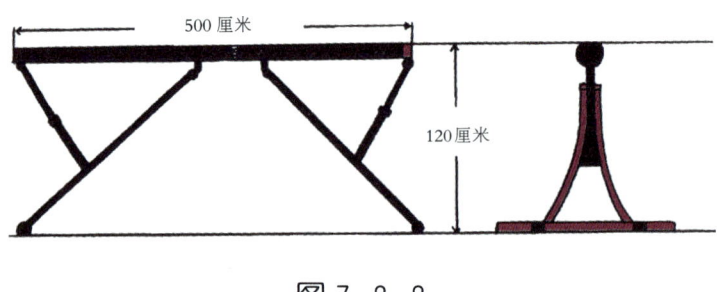

图 7-2-2

三、跳马

(一)规格

跳马高 135 厘米(女子 110 厘米),马身长 160～163 厘米、宽 35～36 厘米(见图 7-2-3)。

(二)要求

跳马的马腿是铁制的,可以升降,升降高度 100～160 厘米。

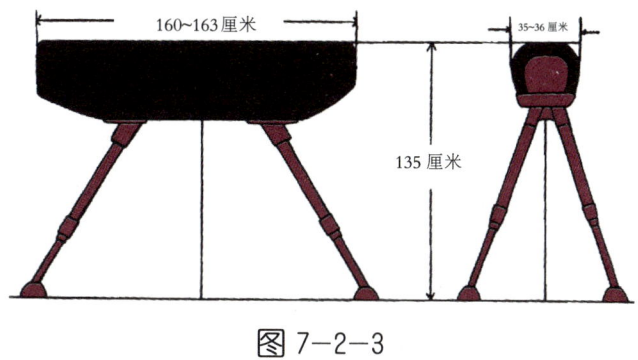

图 7-2-3

第三节 装备

吊环、平衡木和跳马运动都是体操项目,动作幅度大、变化复杂,因此在选择服装时要力求舒适,最好选择弹性好的紧身运动衣裤或体操服等。

第八章 吊环、平衡木、跳马基本技术

吊环、平衡木和跳马运动的技术动作丰富多样、有难有易,本章分别介绍这三项运动的基本技术。

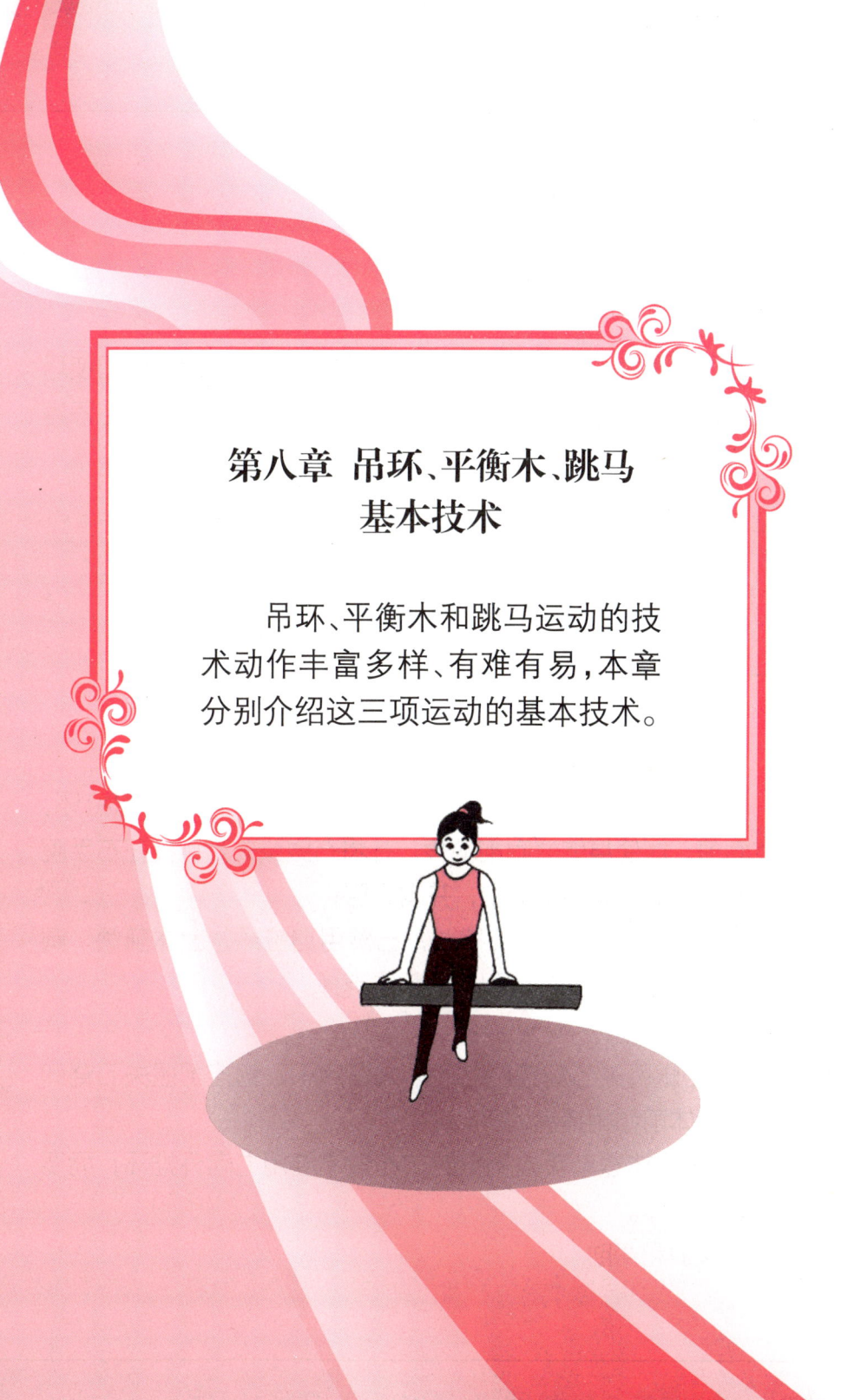

第一节 吊环基本技术

吊环动作大多是用力慢做的动作和静止姿势,对力量和技巧有较高的要求,基本技术包括上环、由支撑至悬垂、回环与转肩和下环等。

一、上环

(一)挂膝上

1.动作方法(见图 8-1-1)

(1)由屈体悬垂姿势开始,髋关节略展开,两手用力拉环,上体向前,促使身体略向前翻转,并将右腿膝关节钩挂在右手腕处,同时左腿用力向前振出,并向后摆;

(2)在身体逐渐转入支撑时,右臂用力拉环,上体前倾,同时左臂也用力拉环,手腕用力翻起成支撑。

2.注意事项

(1)右腿膝关节钩挂压上时,大腿向下,钩挂前髋关节略伸展,与上体前倾相结合;

(2)在身体逐渐转入支撑时,左臂不要用力向外推环,而要拉环靠近身体。

3.保护和帮助

保护者站在练习者左侧,当挂膝开始后摆时,用右手向上托举其背部,左手拉住其左腿并向下扳,以加大其后摆力量。

图 8-1-1

(二)向后翻转挂膝上

1. 动作方法(见图 8-1-2)

(1)在前摆中,两腿向上、向后举,以肩为轴向后上翻转;

(2)当脚接近环时,左腿分向左臂外侧,并持续向后上伸,将左腿膝关节钩挂在左手腕处;

(3)身体继续保持翻转速度,右腿向后上摆,并制动,同时右臂开始向上引体,迅速抬起上体,右手翻转,抬头挺胸。

2. 注意事项

(1)右手翻转要承受住左腿下压重量,以便上至支撑;

(2)翻上后左手手心要向外,用力伸直左臂,以稳定支撑姿势。

3. 保护和帮助

保护者站在练习者右侧,当分腿挂膝时,用右手托其胸部助其向上翻转，左手扶其右腿，防止身体降落。

图 8-1-2

(三) 立肘上

1. 动作方法(见图 8-1-3)

(1) 由悬垂姿势开始，屈肘向上引体，肩略后送，身体挺直，用力向胸部拉环，使两环略向内合；

(2) 肘关节迅速向上翻转，将环向两侧分开并向外转，环达到腋下时，伸直两臂，向上引体至立肘。

2. 注意事项

(1) 向上引体动作要紧凑迅速，中间不宜停滞；

(2) 立肘时，先使上体前倾，略含胸并收腿。

3. 保护和帮助

保护者站在练习者一侧，扶其小腿，当向上引体时，将其轻轻托举，使其身体升高，便于立肘，在向上引体至立肘时，借势将其向上托举，以便其完成立肘动作。

图 8-1-3

（四）挺身慢起成倒悬垂

1. 动作方法（见图 8-1-4）

（1）由悬垂姿势开始，身体略前挺，向上引体，使身体重心升高；

（2）挺起胸部，用力后送，上体随势后倒，两臂夹紧压环，使重心继续上升，并接近握点；

（3）用力抬头，挺身慢起，上体尽量向两臂中间靠拢至倒悬垂。

2. 注意事项

（1）由悬垂姿势开始向上引体时，肩带肌肉要紧张用力，并向后倒和抬头，使整个身体上升；

（2）上体后倒时，逐渐伸直两臂，并挺胸、挺腹、向上举两腿；

（3）挺身慢起时要直臂，不能先将身体重心升高。

3.保护和帮助

保护者站在练习者一侧，当其上体后倒时，一手向上托举其大腿，另一手扶其肩部并向下压，使其身体以肩为轴向上翻转。

图 8-1-4

（五）慢翻上成支撑

1.动作方法（见图 8-1-5）

（1）由悬垂姿势开始，屈臂引体，并屈髋关节，两腿上举，同时上体后倒，使身体重心靠近环，向后翻转；

（2）当上体转至环上方时，两臂保持紧张弯曲，向外翻环；

（3）当身体展开时，两腿开始制动，背部用力向上悬振，借上体翻转的惯性使身体绕环转动，抬起上体；

(4) 两臂伸直，两腿慢慢抬起成支撑。

2. 注意事项

(1) 翻环时，两臂尽量靠近身体，向外翻环和支撑力量要连续一致；

(2) 向后翻转时，两腿要用力控制在后上方。

3. 保护和帮助

练习者向上举两腿后，保护者一手在前托其肩和胸部，另一手在后托其两腿，助其向后翻转。

图 8-1-5

(六)屈伸上成支撑

1. 动作方法(见图 8-1-6)

(1)由屈体悬垂姿势开始,先让两腿下落,尽量缩小髋关节角度,为身体伸展积蓄力量;

(2)两腿下落后,立即向上伸展髋关节,同时两臂略屈,使臀部接近两环,随即两腿制动,带动上体向上升起;

(3)两臂用力压环,收腹,翻环成支撑。

2. 注意事项

(1)在上体升起时,腹部用力,含胸,把两腿控制在水平位置;

(2)上体抬起时,不要前倾,头要用力上顶;

(3)两臂压环时,向外分环。

3. 保护和帮助

保护者站在练习者一侧,当练习者伸展身体时,保护者一手扶其两大腿下部,助其完成两腿制动动作,另一手向上托其背部,助其完成支撑动作。

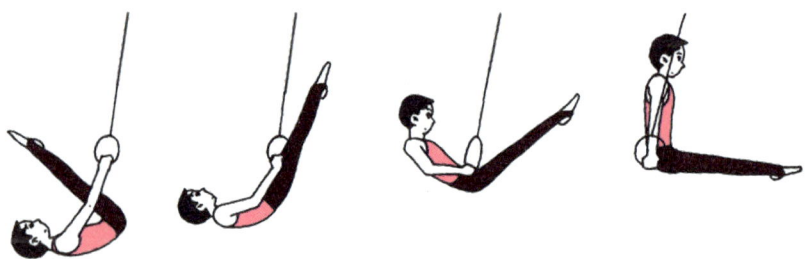

图 8-1-6

(七)前摆上成支撑

1. 动作方法（见图 8-1-7）

（1）身体向前摆动，摆过垂直面后，两臂积极地用力压环，并将两环向两侧分开，此时两腿开始制动，两肩前送，并继续压环，使上体向后、向上抬起；

（2）当上体超过两环时，将两环靠近身体，两腿前伸成支撑。

2. 注意事项

（1）在身体未摆过垂直面前，不能把环分向两侧，要屈臂把两环拉向两肩；

（2）身体摆过垂直面后，要制动两腿，否则向上摆起过高，将使身体向后翻转。

3. 保护和帮助

保护者站在练习者一侧，当练习者身体摆动至垂直面时，一手扶其背部，另一手托其大腿，用力向上托举，助其完成支撑动作。

图 8-1-7

二、由支撑至悬垂

(一)前倒挺身成倒悬垂

1. 动作方法(见图 8-1-8)

(1)由支撑姿势开始,上体借支撑力量前倒,两腿向后摆起;

(2)挺身,在两腿摆至与两环呈水平时,渐屈两臂,使上体缓缓下落,两腿继续向后摆起;

(3)屈两臂时,翻环,手心向前,以便于身体挺直;

(4)最后逐渐伸直两臂,身体落下成倒悬垂。

2. 注意事项

(1)整个动作过程始终要抬头、挺胸;

(2)上体开始前倒时,向外翻环;

(3)成倒悬垂前,两腿到达垂直位置后,再完全伸直两臂。

3. 保护和帮助

保护者站在练习者一侧,当练习者由支撑姿势开始伸展身体时,保护者一手扶其大腿助其后摆,另一手托其胸部,防止其身体急速前倒。

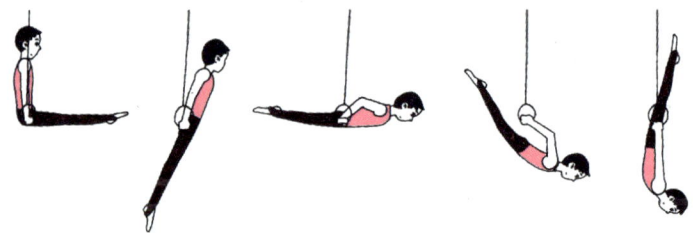

图 8-1-8

(二)由倒立落下至倒悬垂

1. 动作方法(见图 8-1-9)

(1)由倒立姿势开始下落,两臂弯曲,并靠近身体;

(2)前臂外分,并略向外翻环,上臂仍靠拢身体;

(3)抬头,挺胸,慢慢下落,两臂慢慢伸直成倒悬垂。

2. 注意事项

(1)下落时不要低头收腹,否则腿的方向不稳定,易造成向前或向后下落;

(2)下落时要向外推环,否则需要很大的臂力,易产生"急振"现象。

3. 保护和帮助

保护者站在练习者一侧,当练习者开始下落时,保护者两手高高举起,用一手的虎口嵌住其肩部,降低其身体下落速度,另一手保持其身体平衡。

图 8-1-9

三、回环与转肩

 (一)向前回环

1.动作方法(见图 8-1-10)

(1)由支撑姿势开始,上体前倒,两环略向里并拢,并向外翻环;

(2)身体达到悬垂部位时,两臂要始终保持屈臂引体的姿势,并积极用力继续向上拉环和翻转;

(3)翻上成支撑后,两腿下落,逐渐伸展身体,同时两臂伸直成支撑。

2.注意事项

(1)两臂不要随身体前倒而伸直,否则身体经过悬垂再转成支撑时需要重新引体,致使动作不连贯;

(2)翻上时不要用力向两旁推环,否则两臂分开过大,很难成支撑。

3.保护和帮助

保护者在练习者一侧,前倒时,一手扶其臀部,一手托其肩部,助其完成翻转动作。

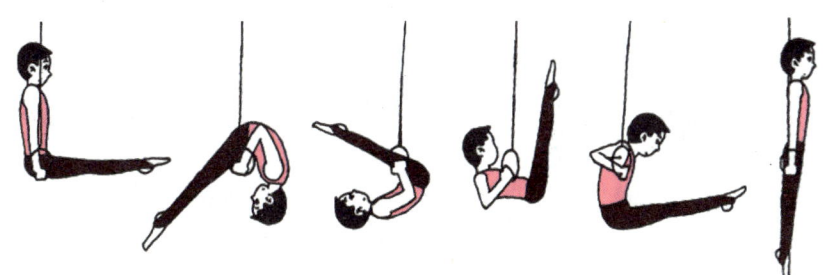

图 8-1-10

(二)向前转肩

1.动作方法(见图 8-1-11)

(1)由屈体悬垂姿势开始,向前摆振,用力向后甩腿,同时两手分环;

(2)借助身体向上摆的力量,用力提起臀部,两臂向两侧做弧形动作,挺胸,探肩,低头,两手翻环,完成转肩动作。

2.注意事项

(1)挺身向前转肩时,要使身体尽量沿着最大的弧度向后摆,并在身体超过水平位置时分环转肩;

(2)转肩时两臂应分环向后围绕,两肩尽量向前摆动。

3.保护和帮助

保护者可在练习者向后甩腿时,用手托其大腿,助其转肩。

图 8-1-11

(三)向后转肩

1. 动作方法(见图 8-1-12)

(1)由屈臂悬垂姿势开始,先使两腿和身体向后伸展,两臂向外分环,两腿沿着环后上方45°角的方向伸出,带动身体向后上方升起;

(2)在两臂分环的同时,逐渐转肩;

(3)在转肩动作完成时,要略向斜前方引环,并迅速合拢,使身体伸展。

2. 注意事项

(1)在分环转肩的过程中不要屈臂引体;

(2)转肩时,一定要尽量向下拉环,使肩和身体升高,可以加长回环半径,产生更大的力量;

(3)两腿向后伸出的角度不能太大或太小，太大肩压不起来，太小则很难产生大摆动；

(4)转肩完成后要主动向前推送两环，在两腿未落下时将两环完全推送出去。

3.保护和帮助

练习者向后转肩后，保护者托其身体，助其慢慢转肩和落下。

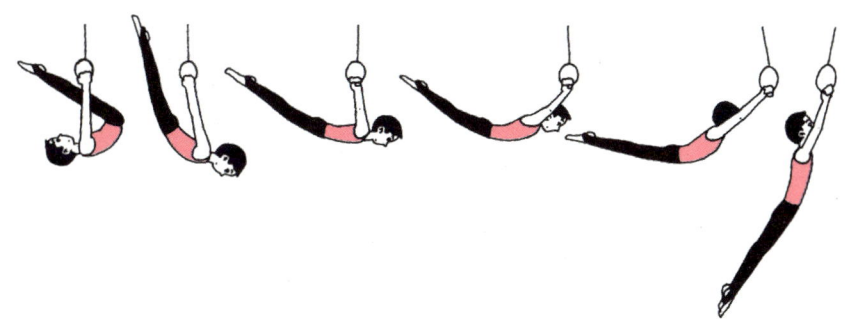

图 8-1-12

四、下环

(一)向后转肩挺身下

1.动作方法(见图 8-1-13)

转肩动作即将结束时，两手拉环后放开，并尽力保持挺身姿势。

2.注意事项

两腿后摆不要过高,如果过高,身体应向下略落后再放手。

3.保护和帮助

保护者站在练习者斜前方约一步远的地方,必要时给予帮助,防止其前栽或后倒。

图 8-1-13

(二)弧形下

1.动作方法(见图 8-1-14)

(1)由屈体悬垂姿势开始,两腿反振,在两腿用力向前方振出时,带动腰和髋部一起振出;

(2)当身体完全展开时,两手用力拉环,放手,保持挺身和抬头的姿势落下。

2.注意事项

(1)身体屈伸前振时,两臂要协调一致,并伸向头的后方,以拉环来加大身体向前挺出的力量；

（2）放手时，两腿应在高于头的位置，此时要用力挺胸使身体上升。

3.保护和帮助

保护者站在练习者斜前方约一步远的地方，在练习者放手时，可用一臂拦其腹部防止其前栽，或用一手托其背部助其翻转。

图 8－1－14

（三）向后分腿腾空翻下

1.动作方法（见图 8－1－15）

（1）身体由后上方前摆过垂直面开始上升时，加快前摆的速度并弯曲髋关节，使身体更好地向上摆起；

（2）两腿分开，在两腿接近吊环时，身体伸展，两臂用力拉环放手；

(3)身体腾空，用力抬上体，两臂斜上举，使身体翻转，并保持挺身落下。

2.注意事项

(1)身体加速前摆时，两腿不要过于后上举，否则屈体过大，影响身体伸展；

(2)不要过早放手，否则身体不易向高处腾起，影响翻转。

3.保护和帮助

保护者站在练习者左侧，当练习者前摆时，保护者用右手反扣其右臂腋下，左手托其背部助其翻转。

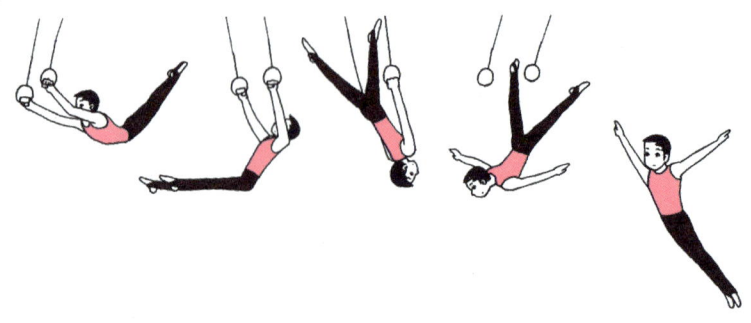

图 8-1-15

(四)向后腾空翻下

1.动作方法(见图 8-1-16)

(1)身体腾空前摆，摆至环前水平线位置后放手，两臂向前挥举；

(2)抬头，挺胸，身体成倒立，保持挺身姿势跳下。

2．注意事项

(1)两腿由后向前摆的幅度和力量要大，身体不要后屈，但要保持伸直；

(2)放手前两手要拉环，将身体送向前上方。

3．保护和帮助

保护者站在练习者左侧，当练习者前摆时，保护者用右手反扣其右臂腋下，左手托其背部助其翻转。

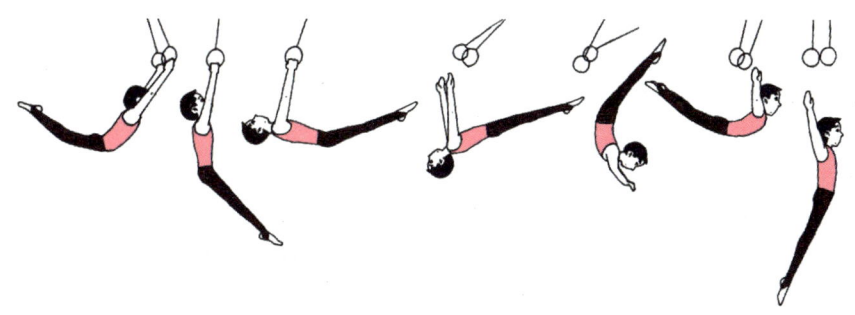

图 8-1-16

(五)向后回环分腿下

1．动作方法(见图 8-1-17)

(1)由支撑姿势开始，两腿后摆，上体前倾，两腿前摆时开始回环；

(2)前一半回环时，两环略向中间并拢，将两环保持在腹前，略屈髋关节，两腿迅速前摆，两肩后送，上体迅速后倒；

(3)后一半回环时，上体向上抬起，两腿摆近两环，在水平位置开始制动，同时两手拉环，并伸展身体骑在环上；

(4)用力挺胸，抬头，在上体回环至环前水平面以上时，放手，挺身跳下。

2.注意事项

(1)回环的前半环一定要拉住环，不要使身体离开环掉下来；

(2)上体抬起时，两手摆到有压力时再放开。

3.保护和帮助

练习者开始后倒时，保护者先托其髋部，防止其身体离开环，然后随其身体回环，向上托其肩和胸部，助其跳下。

图 8-1-17

第二节 平衡木基本技术

平衡木运动对身体的平衡性有较高的要求，基本技术包括上木动作、木上动作和下木动作等。

一、上木动作

(一)跳上成正撑

1. 动作方法(见图 8-2-1)
(1)两手扶平衡木，正面站立；
(2)起跳，撑臂，大腿前部触木，挺身，挺胸，抬头。
2. 注意事项
撑臂时身体要略前倾。
3. 保护和帮助
保护者站在练习者身侧，必要时一手扶其腿部，一手扶其腰部。

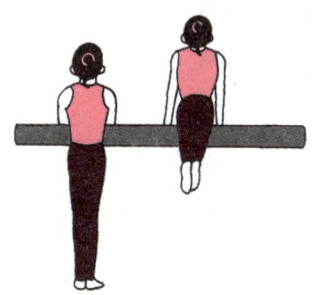

图 8-2-1

(二)单腿摆越成正骑撑

1. 动作方法(见图 8-2-2)

(1)两手扶平衡木,正面站立;

(2)起跳,撑臂,左腿由左侧向前摆越,身体重心略偏右;

(3)左腿向前摆越后,左臂支撑,成正骑撑姿势。

2. 注意事项

左腿前摆后,要立即恢复至左臂支撑。

3. 保护和帮助

保护者站在练习者后面,用两手托其腰部,防止前跌或后仰。

图 8-2-2

(三)单腿摆越成侧骑撑

1. 动作方法(见图 8-2-3)

 (1) 两手侧握平衡木，正面站立；

 (2) 跳起，两臂成侧支撑，同时右腿向前摆越，身体重心移至左侧，同时转体 90°成侧骑撑。

 2. 注意事项

 转体时不要收腹含胸。

 3. 保护和帮助

 保护者站在平衡木另一侧，防止练习者跌落。

图 8-2-3

(四) 撑臂转体成侧屈臂俯卧撑

 1. 动作方法（见图 8-2-4）

 (1) 两手扶平衡木，正面站立；

 (2) 跳起，两臂经正撑换为侧撑，同时以腹部为轴，转体 90°，成侧屈臂俯卧撑。

 2. 注意事项

 转体时，保持上体后屈，抬头挺胸。

3.保护和帮助

保护者站在平衡木另一侧，防止练习者跌落。

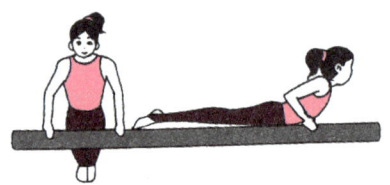

图 8-2-4

（五）正撑转体成单膝跪撑

1.动作方法（见图 8-2-5）

(1)两手扶平衡木，正面站立；

(2)跳起，撑臂，左腿侧举，左脚掌放在平衡木上；

(3)随后举臂向右转体 90°，右膝弯曲，成右膝跪撑。

2.注意事项

跪撑时要抬头，同时左腿后举，右臂上举。

3.保护和帮助

保护者站在平衡木另一侧，面对练习者，防止其跌落。

图 8-2-5

(六)单膝跪撑上

1. 动作方法(见图 8-2-6)

(1)距离平衡木四五步远,正面站立;

(2)助跑,跳起,重心前移,同时单腿屈膝,跪立于平衡木上,同时另一腿后举,成单膝跪撑。

2. 注意事项

跳起后两臂保持撑直,臀部上举,肩前探。

3. 保护和帮助

保护者站在平衡木另一侧,面对练习者,必要时用两手扶其肩部。

图 8-2-6

(七)跳起撑臂成蹲撑

1. 动作方法(见图 8-2-7)

(1)距离平衡木四五步远,正面站立;

(2)助跑,跳起,同时撑臂、举臀,膝关节和髋关节尽量弯曲,接近胸部,然后两腿并拢踏在平衡木上,成蹲撑。

2.注意事项

在撑臂屈膝时，身体重心略前倾，但不能前倾过猛，否则易向前跌下。

3.保护和帮助

保护者站在平衡木另一侧，必要时用两手扶练习者肩部，以防其从前面跌下。

图 8-2-7

（八）单腿屈膝穿臂成正骑撑上

1.动作方法（见图 8-2-8）

（1）距离平衡木四五步远，正面站立；

（2）助跑，最后一步两脚踏板，同时撑臂跳起；

（3）随即举臀，含胸，同时单腿屈膝并靠近胸部，迅速穿臂前摆，成分腿正骑撑。

2.注意事项

穿臂时，肩带不要松弛，举臀要充分。

3.保护和帮助

保护者站在平衡木另一侧，必要时托练习者臀部。

图 8-2-8

(九)跳上成分腿屈体立撑

1.动作方法(见图 8-2-9)

(1)距离平衡木五六步远,正面站立;

(2)助跑,踏跳,撑臂,同时收腹举臀,两腿尽量向两侧分开,成分腿立撑。

2.注意事项

(1)跳起后,向上举臀要充分;

(2)两臂前倾角度不可过大,否则易从前方跌下。

3.保护和帮助

保护者站在平衡木另一侧,必要时用手扶练习者上臂。

图 8-2-9

(十)跳起侧摆成后撑

1. 动作方法(见图 8-2-10)

(1)距离平衡木四五步远,正面站立;

(2)助跑,跳起,两手撑木,身体伸直向右侧上方腾起;

(3)随即右手推离平衡木,身体重心向左移动;

(4)越过平衡木时,右臂立即撑木,在背后支撑。

2. 注意事项

(1)当身体向右侧腾起时,左臂不要弯曲;

(2)越过平衡木后,右臂要立即撑木。

3. 保护和帮助

保护者站在练习者左边,必要时用两手扶其上臂,或站在练习者背后,用两手托其腰部给予帮助。

图 8-2-10

二、木上动作

（一）单脚站立向后摆腿转体 180°

1. 动作方法（见图 8-2-11）

（1）侧面左脚站立，右腿前举，两臂前平举；

（2）以左脚前脚掌为轴，右脚后摆，同时利用后摆力量向右后转体 180°；

（3）右臂由前向后自然摆动至下垂，左臂保持前平举。

2. 注意事项

转体不要有停顿，身体不要左右摇晃。

3. 保护和帮助

保护者面对练习者站立，必要时给予扶持。

图 8-2-11

(二)单脚站立转体

1.动作方法(见图 8-2-12)

(1)正面左脚站立,右脚侧点木,两臂侧平举;

(2)左脚蹬木,肩向右转动,带动身体右转 180°,身体重心移至右脚,左脚侧后点木。

2.注意事项

转体时肌肉不要过分紧张,转体速度要均匀,不要有停顿。

3.保护和帮助

这个动作主要练习自我保护能力,当练习者不能维持身体平衡时,可跳下平衡木。

图 8-2-12

(三)蹲立转体

1.动作方法(见图 8-2-13)

(1)右腿全蹲,右脚前脚掌着木,左腿前举,两臂自然下垂;

(2)以右脚掌为轴,左腿保持伸直前举向左后摆振,同时两臂左摆,向左转体180°,仍成全蹲姿势。

2.注意事项

转体时,上体始终保持正直,屈膝和踝关节弯曲深度不应变化。

3.保护和帮助

保护者站在练习者转体方向的另一侧,用双手扶其臀部,助其完成动作。

图 8-2-13

(四)双脚跳跃

1. 动作方法(见图 8-2-14)

(1)两脚前后分开成半蹲姿势侧立,两臂侧平举;

(2)两脚蹬木向上跳起,上体保持正直;

(3)跳起后两腿伸直,然后自然下落;

(4)当身体下落至脚着木时,两腿弯曲仍成半蹲姿势,两臂仍侧平举。

2. 注意事项

尽量跳得高些,在空中时两腿要伸直,上体不要摇晃。

3. 保护和帮助

保护者站在练习者侧面,练习者起跳时,保护者可伸手准备保护。

图 8-2-14

（五）跨步屈膝跳

1. 动作方法（见图 8-2-15）

（1）由右脚在前，左脚在后分开侧立开始，左腿向前迈出一步，同时迅速向上跳起，两臂侧振；

（2）左腿跳起的同时，右腿向前跨，平举后迅速屈膝，使右脚掌触及左膝部，抬头，挺胸，随后右脚落木。

2. 注意事项

（1）起跳时，身体不要过分前倾；

（2）在空中时要挺胸、抬头，充分屈腿。

3. 保护和帮助

保护者站在练习者侧面，跟随练习者的动作路线移动，必要时伸手扶持或直接抱住练习者。

图 8-2-15

(六)单脚依次前摆跳

1.动作方法(见图 8-2-16)

(1)由助跑开始,右腿前摆,身体重心落在左腿上;

(2)左腿蹬木跳起,并与右腿交换摆动一次;

(3)右腿先落下,落木时两脚均以前脚掌着木。

2.注意事项

(1)在右腿前摆至最高点之前,左腿就要蹬木跳起,并迅速前摆;

(2)身体腾空时不要前倾,两腿伸直且要有弹性地依次前摆,摆得要高。

3.保护和帮助

保护者站在练习者侧面,跟随练习者的动作路线移动,必要时伸手扶持或直接抱住练习者。

图 8-2-16

(七)前滚翻成仰卧

1. 动作方法(见图 8-2-17)

(1)由侧面弓箭步开始,上体前倾,两手在前握木,身体重心前移至两臂,臀部抬起,头部置于两手略后的木上,伸腿蹬木,以两手为支点向前滚动;

(2)当身体重心超过支点时,两手反握木,并用力内扣,控制身体平衡,同时,背、腰、臀部依次触及木面成仰卧。

2. 注意事项

(1)向前滚动时,两手臂要用力控制身体平衡,使身体不要向两侧偏斜;

(2)向前滚动时要充分团身,动作不要有停顿。

3. 保护和帮助

保护者站在练习者侧面,一手托其臀部,另一手扶其上臂,助其完成动作。

图 8-2-17

（八）前软翻

1. 动作方法（见图 8-2-18）

（1）侧面前后分腿站立，两臂上举；

（2）上体前倒，两手撑木，前腿屈膝，后腿向后上方摆起；

（3）经过手倒立时，肩部和头部略向后移，前摆落下，腰部尽量弯曲，保持一定弧度；

（4）摆动腿前摆落下成支撑，同时重心逐渐前移到支撑腿上，两手推离木面，挺身站立。

2. 注意事项

（1）经过手倒立时，头部和肩部不要过于后移；

（2）当摆动腿落下时，另一腿要前伸，而且臀部要向前移动。

3. 保护和帮助

保护者站在练习者侧面，当练习者前翻时，用一手托其肩部和背部，另一手扶其上臂，助其站立。

图 8-2-18

(九)后软翻

1. 动作方法(见图 8-2-19)

(1)侧面左脚站立,右腿前举,两臂上举;

(2)上体后屈,两臂后举,两手扶木,同时右腿摆起,左腿蹬木,肩部后移;

(3)经过手倒立后,右脚和左脚依次落地。

2. 注意事项

(1)上体后屈两手扶木后,身体重心移至两臂;

(2)在手倒立之前,肩带要拉开。

3. 保护和帮助

保护者站在练习者侧面,一手托其肩部,另一手托其腰背部,助其完成动作。

图 8-2-19

三、下木动作

(一)挺身跳下

1. 动作方法(见图 8-2-20)

(1)由侧面站立开始,两脚并拢,半屈膝,两臂斜后举,上体略前倾;

(2)两脚蹬木,借两臂向前上方摆动之力向前上跳起;

(3)下落时,收腹,屈膝落地。

2. 注意事项

跳起时挺胸抬头,两腿并拢,身体后屈,两臂斜上举。

3. 保护和帮助

保护者站在落点侧面,一手扶练习者背部,另一手托其腹部,防止其前倒或后仰。

图 8-2-20

(二)跪撑腿后摆挺身腾越跳下

1. 动作方法(见图 8-2-21)

(1)由侧面单膝跪撑开始,后举腿前摆,然后再向后上摆,同时跪立腿有弹性地下压,撑臂,使身体由跪撑姿势摆起;

(2)后举腿摆至最高点时,跪立腿迅速并拢下落。

2. 注意事项

(1)摆腿时要挺腹,肩部不要过分前倾;

(2)摆腿时肩部要向摆动腿一侧略移动;

(3)下落时一手扶木,另一臂侧平举。

3. 保护和帮助

保护者站在落点侧面,一手扶练习者上臂,另一手托其腹部。

图 8-2-21

（三）前手翻下

1. 动作方法（见图 8-2-22）

（1）侧面右脚站立，左腿前举，两臂上举；

（2）左腿向前跨一步，两手向前撑木，左脚蹬木，右脚向上摆起；

（3）经倒立前翻，两手推离木面，挺身跳下。

2. 注意事项

两手撑木时，两臂不要弯曲，肩部不要前倾。

3. 保护和帮助

保护者站在练习者侧面，一手扶其上臂，另一手托其背部。

图 8-2-22

(四)侧手翻下

1. 动作方法(见图 8-2-23)

(1)正面右脚站立,左腿侧举,两臂侧平举;

(2)上体向左侧屈,同时左脚落地蹬木;

(3)左手撑木(手指向左),左腿向上摆起,随后两手撑木,经分腿成手倒立;

(4)左右手依次推离木面,身体向侧腾空;

(5)落地后两腿略屈,两臂侧平举,身体略向木端倾斜。

2. 注意事项

(1)在身体成手倒立时,两腿要并拢,两臂要伸直;

(2)身体腾空时勿向地面方向侧屈,要保持挺胸抬头。

3.保护和帮助

保护者站在练习者背后,两手交叉,扶其背部、肩部或腰部。

图 8-2-23

第三节 跳马基本技术

跳马运动对练习者的弹跳能力和手臂力量具有较高的要求,基本技术包括分腿腾越、屈腿腾越、屈体腾越、分腿腾越转体180°和前手翻等。

一、分腿腾越

1. 动作方法（见图 8-3-1）

（1）以轻松有力的助跑开始，逐渐加速，最后一步单脚后蹬，双脚上板；

（2）上板时，两脚落于两肩之间，随即两腿蹬直起跳，两臂急速上摆至与肩平并制动；

（3）离板后，两腿后摆，同时两臂前冲，然后两肩下压撑马；

（4）两手撑马时，挺身后摆，后摆角度约为 25°；

（5）推马时，两腿左右分开，脚尖下压制动，使身体继续向上升起，两腿留在下面；

（6）推马后，两臂经下向后侧上方用力挥摆，挥离胸部；

（7）两腿越过跳马后，迅速并拢，身体在空中展开后落地。

2. 注意事项

（1）在助跑最后一步单脚后蹬时，后蹬动作要做得有力；

（2）两肩下压撑马时，两臂与躯干的夹角应保持不变，防止两臂后移；

（3）推马动作必须快而有力，要有顶起来的感觉，在两肩前移至接近支撑点时，推马动作应结束。

3. 保护和帮助

保护者可在跳马正前方一步处成弓箭步站立，面对练习者，在练习者起跳推马时，以两手顶住其肩，助其向上，但助力不可过大，应顺其前进方向顶出。

图 8-3-1

二、屈腿腾越

1. 动作方法（见图 8-3-2）

（1）助跑和上板动作同"分腿腾越"；

（2）身体离板后，两腿后摆，同时两臂前冲，然后两肩下压撑马；

（3）两手撑马时，挺身后摆，后摆角度约为 25°；

（4）推马时，屈小腿，两膝向胸部靠近成蹲姿越过跳马；

（5）在成蹲姿越过跳马时，两臂迅速经下向体侧弧形上摆，同时向下伸直两腿，身体在空中展开后落地。

2. 注意事项

（1）在助跑最后一步单脚后蹬时，后蹬动作要做得有力；

（2）两肩下压撑马时，两臂与躯干的夹角应保持不变，防止两臂后移；

（3）屈腿动作要迅速有力，并要略提臀，但屈腿动作不要过早，应在挺身后摆动作之后；

（4）在成蹲姿时，应立即推马，不能等到两膝越过支撑点时才做推马动作。

3.保护和帮助

保护者可在跳马正前方一步处成弓箭步站立，面对练习者，在练习者起跳推马时，以两手顶住其肩，助其向上，但助力不可过大，应顺其前进方向顶出。

图 8-3-2

三、屈体腾越

1.动作方法（见图 8-3-3）

（1）助跑和上板动作同"分腿腾越"；

（2）身体离板后，两腿后摆，同时两臂前冲，然后两肩下压撑马；

(3)两手撑马时,挺身后摆,后摆角度约为 30°;

(4)随即向前下方用力推马,同时略提臀,并屈髋;

(5)推马后,臀部位置不能下降,保持在屈髋提臀时的高度,向前踢腿,使脚尖迅速越过跳马;

(6)两臂在推马后经下向后侧上方用力做弧形挥摆;

(7)身体完全越过跳马后,两腿迅速制动,并向后下方伸展,同时两臂向后上方提肩,身体展开后落地。

2.注意事项

(1)在提臀屈髋前,要有明显的挺身后摆动作;

(2)推马和屈髋时,要保持臀部位置的高度,争取在脚尖未越过跳马时就推离跳马。

3.保护和帮助

保护者可在跳马正前方一步处成弓箭步站立,面对练习者,在练习者起跳推马时,以两手顶住其肩,助其向上,但助力不可过大,应顺其前进方向顶出。

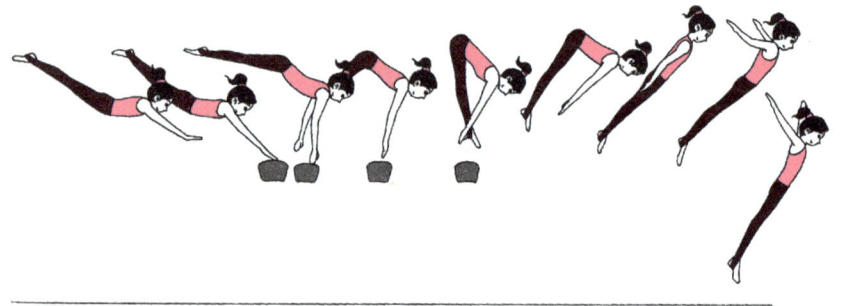

图 8-3-3

四、分腿腾越转体180°

1. 动作方法（见图8-3-4）

（1）助跑和上板动作同"分腿腾越"；

（2）身体离板后，两腿后摆，同时两臂前冲，然后两肩下压撑马；

（3）推马时，肩部向后顶起，同时转体，转体时右腿摆向左前下方，左腿向转体方向下压；

（4）推马后，左肩向转体一侧上提，左臂摆向左后方，同时右肩迅速跟上一起转动；

（5）转体完成后，两腿继续向后下方压，同时并腿，使身体在空中直立，然后面向跳马落地。

2. 注意事项

（1）转体时，左腿不能向上举起，否则会导致身体后倒；

（2）整个转体动作必须干脆利落，不能迟缓；

（3）落地时，两脚的落点最好在身体重心略后的地方，以保证落地的稳定性。

3. 保护和帮助

保护者站在跳马后面一二步处，侧对练习者的助跑方向，在练习者推马时轻顶其肩，并顺其转体方向助其两肩转动，同时顺其动作方向退一二步，扶其腰部落地。

图 8-3-4

 五、前手翻

1. 动作方法（见图 8-3-5）

（1）助跑和上板动作同"分腿腾越"；

（2）身体离板后，重心上升至接近最高点时，身体做以肩为轴的后摆动作，同时上体向下做潜入动作，并将两臂前伸；

（3）当两手接触跳马时，身体与跳马平面成 50°角，以保证身体的翻转速度和良好的推撑角度；

（4）两腿依靠惯性继续翻转，身体成倒立，此时推马动作结束；

（5）推马结束后，身体保持原状，脚尖向前上方伸，两臂在头部后方，头部保持正直；

（6）身体下降时略低头，然后落地。

2. 注意事项

（1）身体离板后要尽量向上拔起，在身体上升过程中要提肩立腰，夹紧臀部，将身体尽量伸展，两臂向前上方高速挥摆；

（2）腿部的后摆动作要做得晚些，最好在身体向上腾起接近最高点时再后摆，而不要在两脚刚一离开板就做后摆动作。

3.保护和帮助

这个动作最好由两人保护，一人站在助跳板和跳马中间，在练习者踏板起跳后托其腰部或腿部，助其上摆和翻转，另一人站在跳马后面一二步处，必要时将其抱住，以免其向前扑倒。

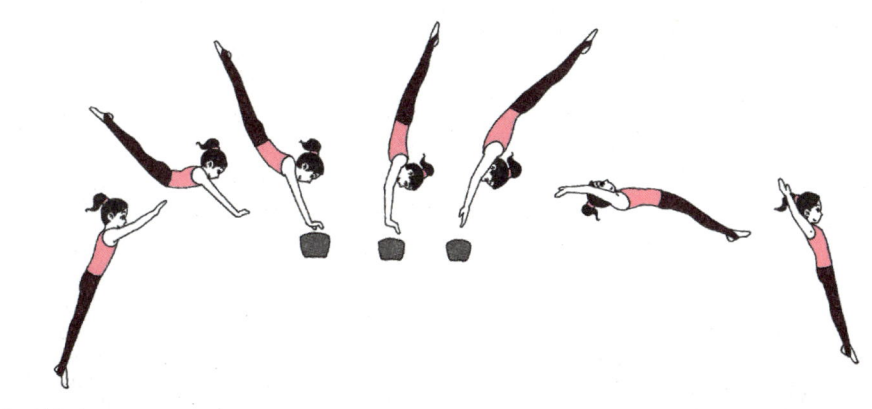

图 8-3-5

第九章 吊环、平衡木、跳马比赛规则

了解比赛规则的相关知识,能够使观众更全面、更深入地欣赏比赛,同时也能使运动员游刃有余地进行比赛。

第一节 程序

运动员参加比赛要严格遵守比赛程序，以保证比赛的顺利进行。

 一、参赛方法

运动员参加比赛，必须在规定的时间内到指定地点报名，并说明姓名、性别、民族、出生年月日、比赛组别和参赛项目等事项。

 二、比赛方法

（1）运动员在每个项目上都有权利做30秒的准备活动，本队或同组中的运动员应保证让最后一名运动员也能有30秒的准备活动时间；

（2）在每项比赛前，运动员要保持立正姿势，举臂向项目裁判委员会主席示意；

（3）在一套动作结束时，先立正，并转向项目裁判委员会主席示意，然后再下场。

第二节 裁判

吊环、平衡木和跳马都属于体操运动，评分规则具有很强的一致性。

一、裁判员

每个项目均由 A、B 两个裁判组组成。其中，A 组裁判包括 1 名裁判员和 1 名技术助理，B 组裁判包括 6 名裁判员，每名裁判员均配备 1 名助手。两组裁判在项目裁判委员会主席的指导下进行工作。

二、评分

（一）保护不当

保护者站在器械旁，仅为防止发生伤害事故，不得给予运动员帮助，否则除动作无效外，另扣 0.4 分。如果同时有两名保护者站在器械旁，将扣 0.2 分。

(二)违反纪律

违反纪律时,每次扣 0.2 分,具体情况如下:
(1)绿灯亮后或信号发出后拖延比赛(最多 30 秒);
(2)拖延或延长自己的准备活动时间;
(3)错戴或未佩戴号码布;
(4)一套动作结束后重新上台;
(5)违反服装的有关规定。